넥스트 리딩

나만의 콘텐츠를 찾아줄 신개념 독서법

넥스트 리딩

초판 1쇄 인쇄 2021년 1월 18일
초판 1쇄 발행 2021년 1월 25일

지은이 이권복

발행인 백유미 조영석
발행처 (주)라온아시아
주소 서울특별시 서초구 효령로 34길 4, 프린스효령빌딩 5F

등록 2016년 7월 5일 제 2016-000141호
전화 070-7600-8230　　**팩스** 070-4754-2473

값 14,000원
ISBN 979-11-91283-09-9 (13190)

라온북은 독자 여러분의 소중한 원고를 기다리고 있습니다. (raonbook@raonasia.co.kr)

NEXT READING

READING

이권복 지음

넥스트 리딩

나만의 콘텐츠를 찾아줄 신개념 독서법

RAON
BOOK

아무도 얘기하지 않았던
당신의 삶을 바꾸는 진짜 독서

우리는 어렸을 때부터 '책을 읽어야 한다'는 말을 듣고 자라왔다. 그래서 어쩌면 지금도 책을 읽어야 한다는 강박관념 때문에 이 책을 손에 쥐고 있을지도 모르겠다. 만약 당신이 읽히지도 않는 글자들을 한 줄, 한 줄 꾸역꾸역 읽고 있다면 잠시 책을 내려놓고 지금 내가 무엇을 하고 있는 건지 다시 한 번 생각해보자.

혹시 누군가가 인문고전을 읽어야 한다고 해서 고대 역사책을 읽고 있지는 않은가? 역사에 별 관심도 없으면서 말이다. 아니면 친구들이 투자를 해서 돈을 벌어야 한다고 하니 《부자 아빠 가난한 아빠》라는 책을 펼쳐놓지는 않는가? 또 어쩌면 당신은 엄청난 삶의 비밀이 들어 있을 것 같은 《시크릿》류의 책을 사놓고 아무도 모르게 책장에 꽂아놓았을지도 모르겠다.

이제 읽히지도 않는 책들을 펼쳐놓고 삶의 괴로움을 증가시키는 행위는 제발 그만하자. 관심도 없는 역사책을 억지로 읽는다고 해서 인문학적 통찰력이 생기지도 않을 것이고 《부자 아빠 가난한 아빠》를 읽는다고 해서 부자가 되지도 않을 것이다.

또한 《시크릿》 같은 책을 읽고 나면 오히려 삶에는 비밀이 없다는 비밀 아닌 비밀을 알게 될 것이다. 당신이 지금 누릴 수 있는 행복을 포기하고 미래를 위해 '억지로' 읽는 독서는 결코 당신의 삶을 변화시키지 못할 것이다. 그러니 제발 이제 해야만 해서 하는 억지 독서는 그만두자. 그것들은 당신의 삶을 구원하지 못할 것이다.

어쩌면 당신은 지금까지의 이야기에 대해 반문하고 싶을지도 모르겠다. 내가 좋아하는 인플루언서들은 독서를 강조하고, 좋은 책들을 추천해줬다고. 그래서 나도 언젠간 그들처럼 되기를 꿈꾸면서 그들이 추천해준 책을 읽으며 열심히 성장하고 있다고 말이다. 좋다. 삶을 바꾸고 싶은 당신의 노력과 의지는 분명 높이 살 만하다. 하지만 방법이 잘못되었다. 정말 그들이 시키는 대로 하면 그들처럼 될 수 있을까? 미안하지만 아니다. 당신은 속고 말았다. 당신이 진정으로 성공하고 싶다면 그들이 하라는 대로 하는 것이 아니라 그들이 해왔던 것을 해야 한다.

그들은 지금의 자리에 오르기 위해 실제로 해왔던 방법들을 낱낱이 알려주기보다는 자신이 해왔던 것들의 기본적인 과정과 지식들을 설명하고 있을 뿐이다. 그렇기 때문에 그들이 말한 대로 따라 한다고 해서 그들처럼 될 수 없다.

예를 들어 그들이 10억의 건물을 100억으로 만들었다고 해서 우리도 그렇게 할 수 있는 것이 아니다. 어쩌면 수많은 사람들 중 몇 명은 그들처럼 될 수도 있을 것이다. 하지만 여기서 분명한 것은 그들은 자신들의 부분적인 이야기를 이용해 자신의 영향력을 키우고 많은 돈을 벌고 있다는 것이다. 우리는 이 사실에 분노해야 하며, 그들이 진짜 실제로 어떻게 했는지를 파악해 내 것으로 만들어야 한다.

그렇다면 그들은 무엇을 했던 것일까? 그들은 무엇을 했기에 부자가 되고, 인플루언서가 될 수 있었을까? 당신이 생각하는 것처럼 그들은 수없이 많은 책을 읽었기에 부자가 된 것일까? 안타깝게도 아니다. 그들은 단순히 독서를 통해 부자가, 인플루언서가 될 수 있었던 게 아니다.

만약 정말 그들이 말하는 대로 독서를 해서 그렇게 되었다면 책을 수없이 많이 읽는 경제학 교수들은 모두 부자가 되었을 것이고, 정치학 교수들은 모두 대통령이 되었을 것이다. 도대체 그들은 무엇을 했길래 지금의 모습이 될 수 있었을까? 나는 이 책을 통해 현재는 너무 반짝반짝 빛나지만 그렇지 않았던 그들의 과거 행적에 대해 이야기를 하고자 한다.

그들이 남들에게 주목받지 않았던 그 시절에 묵묵히 하고 있었던 바로 그 일. 바로 '넥스트 리딩'이다. 갑자기 무슨 넥스트 리딩이냐고? 하지만 이것은 사실이다. 그들은 단순히 책만 읽는 독서 방식으로는 부자도 인플루언서도 될 수 없다는 사실을 깨달았고 그래서 넥스트 리딩을 시작했다.

그들은 넥스트 리딩을 통해 자신이 가진 잠재력의 광산에 필요한 지식들을 채굴했다. 그리고 채굴한 원석들을 가공해 보석으로 만들어 팔기 위해 진열해놓았다. 우리가 아는 유명하고 성공한 사람들을 떠올려보자. 끊임없이 자신의 생각, 의견, 근황 등을 SNS를 통해 공유하고 있다. 왜 그렇게 좋은 정보와 가치 있는 이야기들을 무료로 나눠주는 것일까? 그들이 착해서일까? 그럴 수도 있다. 하지만 선하냐, 선하지 않냐를 떠나 자신들의 생각에 공감하는 사람들이 늘어날수록 그들은 더 많은 돈을 벌 수 있고, 더 유명해진다는 것을 알고 있다. 그렇게 사람들이 그의 말과 글에 귀를 기울이고 어느새 그 곁에는 수많은 사람들로 문전성시를 이루게 된다. 그다음은 어떻게 될까? 그때부터는 누군가 이야기하지 않아도 '저 사람은 부자겠지', '저 사람 만나보고 싶다', '저 사람이 팔고 있는 보석들을 사면 나도 저 사람처럼 될 거야'라는 생각을 하게 된다. 마치 길게 늘어선 줄처럼 무슨 영문인지도 모르고 일단 줄부터 서는 심리와 같다.

자, 이제 이해가 되는가? 그들은 성공할 수 있는 방법을 알려주겠다고 하면서 자신의 보석을 팔아 돈을 벌고 있다. 그 방법을 배우기 위해 그들이 시키는 대로 보석을 사고 있지만, 당신의 삶은 쉽게 나아지지 않는다. 그 이유는 당신은 그저 그들이 채굴해 다듬어낸 보석만을 계속해서 구입하고 있기 때문이다. 이제는 그들이 만들어낸 보석을 사면서 내 삶이 나아지기만을 기다리지 말자. 우리가 해야 할 일은 보석을 사는 것이 아니라 나만의 원석을 찾아 채굴하고 가공해 그들처럼 다른 사람들이 갖고 싶어

하는 보석을 만들어 파는 것이다. 그러다 보면 어느덧 그들처럼 되어 있는 당신의 모습을 만나게 될 것이다.

넥스트 리딩은 당신이 가진 원석을 찾고, 그 원석을 어떻게 보석으로 가공할 것인지를 돕는다. 설령 아무것도 잘하는 것이 없어도 또 좋아하는 것이 아무것도 없다 할지라도 말이다. 왜냐하면 우리 모두는 가슴속에 다듬어지지 않은 원석 하나는 무조건 가지고 있기 때문이다. 중요한 것은 그 원석을 찾고 다듬겠다는 결심과 의지 그리고 그 원석이 보석이 될 때까지 기다릴 수 있는 시간이다. 이제는 나만의 보석을 만들어야 한다.

원석을 어떻게 다듬느냐에 따라 그저 무거운 돌덩이가 될 수도 있고, 다비드 상처럼 보석보다 더 비싼 보물이 될 수도 있다. 그러니 지금부터는 내가 가진 원석을 어떤 보석으로 가공해나갈 것인가에 대해서만 고민하자. 넥스트 리딩은 그 고민에 대한 답을 제시해줄 것이다.

이권복

차 례

1부
우리의 독서가 즐겁지 않은 이유

1장
나는 왜 읽지 못했을까

2장
읽는 자가 살아남는다 _____

2부
새로운 시대의 독서법 NEXT READING

1장
편협하게 이것저것 막 읽자 _____

2장
읽는 것을 추출하고 전송하라 _____

3장

독자에서 작가가 되어 보자

4장

독서로 돈 버는 사람들

1부

우리의 독서가
즐겁지 않은 이유

나는 왜
읽지 못했을까

세계문학전집은 누가 읽어야 한다고 했을까 01

어느 날 독서를 해보기로 결심한 당신. 아마 가장 먼저 찾은 것은 누군가 추천한 책의 목록이나 필독서 리스트일 것이다. '○○대학교 선정 필독 도서 백 권', '○○문고 선정 올해의 필독서 열 권', '○○출판사 세계문학전집' 등 어렸을 때부터 읽어야 한다고 들어온 인류의 보물로 손꼽히는 책들. 그 책들은 반드시 읽겠다고 결심했을 것이다. 책을 통해 내 삶이 더 나아질 것이라는 기대감을 가지고 말이다.

나 역시도 그러했다. 대형 서점에 가면 한쪽 칸을 빼곡하게 차지하고 있던 문학전집 시리즈는 바라보는 것만으로도 큰 만족감을 주었다. 저 책들을 하나하나 차례대로 다 읽고 싶다는 생각과 저 책들을 사서 내 책꽂이에 꽂아 놓고 싶다는 욕망.

그런데 만약 이 추천도서들이 내 삶에 좋지 않은 영향을 미친다고 하면 어떤가? 별 도움이 되지 않는다면 믿을 수 있겠는가?

그 추천도서 리스트가 오히려 우리의 독서를 망치고 있다고 한다면 말이다.

추천도서 리스트가 우리의 독서를 망친다

읽는 사람의 상황이나 환경에 대한 고민 없이 무조건 좋다고 추천되는 책을 읽는 것이 과연 좋을까? 이름도 알지 못하는 누군가가 정해놓은 리스트대로 독서를 열심히 해도 당신의 삶은 바뀌지 않을 것이다. 아무리 세계적으로 손꼽히는 작가가 쓴 책을 읽는다고 해도 말이다. 왜냐하면 독서란 작가와 독자가 서로 소통하는 행위이기 때문이다.

쉽게 설명하면 우리가 음식을 먹을 때를 떠올리면 이해하기 쉽다. 남들이 좋다고 하는 음식을 먹는다고 해서 내 몸에 다 좋은 것은 아니다. 누군가에게는 흰 쌀밥이 보약이지만 당뇨에 걸린 사람에게는 생명을 위협하는 독이 된다. 정말 귀한 음식으로 분류되는 음식이 내 몸에는 알레르기 반응을 일으킬 수도 있고, 일상에 널린 흔한 음식이 내 몸에는 보약이 될 수도 있다. 마음의 양식이라고 일컬어지는 독서 역시 무조건 좋은 것은 아니다.

비싸고 좋은 음식이라고 무조건 내 몸에 좋은 것이 아니듯 내게 맞는 독서를 해야 비로소 좋은 독서가 된다.

하지만 우리는 책을 읽을 때 한 번도 내게 맞는 책에 대해 고민해오지 않았다. 그저 어디에선가, 누군가가 좋다고 추천한 책을 읽으면 된다고 생각한다. 아니, 어쩌면 책이면 무조건 좋다고 배운 것일지도 모르겠다. 그래서 무슨 책을 읽을까에 대한 고민보다는 어떻게든 책을 읽으려고만 했던 것이다.

우리는 누군가가 일률적으로 좋다고 정해놓은 책을 읽는 것에 익숙하다. 왜냐하면 그것은 한 장소에 각기 다른 개성을 가진 학생들을 앉혀놓고 똑같은 내용을 가르치는 학교의 모습과 닮았기 때문이다. 축구에 재능이 있는 아이도, 노래에 재능이 있는 아이도 모두 똑같은 수업을 듣는다. 교육을 받는 학생들의 재능이나 상황에 대한 고민 없이 일방적으로 똑같은 수업이 진행되면 그 교육은 학생들에게 도움이 될까?

누군가는 운이 좋게도 그 교육이 자신의 재능과 적성에 잘 맞아 기회를 잡을 수도 있을 것이다. 하지만 대다수의 학생은 자신의 재능과 적성을 찾지도 못한 채 열등생, 낙오자라는 낙인만 찍히게 될 것이다. 교육이 학생의 삶을 이롭게 하기는커녕 오히려 삶을 망가뜨리는 것이다.

인문학 독서 열풍은 우리에게 무엇을 남겼을까

한때 대한민국에 인문학 열풍이 분 적이 있다. 그 시기에 많은 사람들이 인문고전 추천도서 리스트를 가지고 공자, 맹자, 소크라테스 등 이름만 들어도 알 만한 철학자들의 책을 읽기 시작했다. 평생 책을 읽지 않던 사람들조차 추천 리스트에 들어 있다는 이유만으로 어려운 철학, 역사, 미술, 과학서적을 읽기 시작했다. 그 리스트에는 얇고 작은 책부터 수백 페이지에 이르는 크고 두꺼운 책까지, 수백 권에 이르는 책들이 포함되어 있었는데 다 읽는 데만 해도 몇 년이 걸릴 것 같았다.

그럼에도 불구하고 많은 사람들이 리스트대로 인문고전을 읽기 시작했다. 나 역시도 그중 한 사람으로 리스트에 맞춰 인문고전 책들을 읽어나갔다.

결과는 어땠을까? 인문학적 소양이 많이 쌓여서 시대를 꿰뚫는 인사이트를 가지게 되었을까? 아니면 세상을 보는 식견이 넓어져서 부자가 되었을까? 아쉽게도 나는 그 리스트에 적힌 책들을 다 읽지 못했다. 뿐만 아니라 지금까지 다 읽었다는 사람도 보지 못했다. 하루에 한 권의 책을 읽고 리뷰를 작성하는 나도 포기했으니 아마 거의 대부분의 사람들이 읽다가 포기했을 것이다. 왜 그랬을까? 아니 왜 그럴 수밖에 없었을까?

그 이유는 책의 좋고 나쁨을 떠나서 그 책이 내게 맞지 않았기 때문이다. 평생 역사에 관심도 없던 사람이 갑자기 수백 페이지에 달하는 고대 역사에 관련된 책을 읽으려니 얼마나 힘들었겠는가? 수학과 과학이 싫어 문과를 택하고, 대학 역시 국문학을 전공한 사람이 물리학 책을 읽는다고 상상해보자.

첫 페이지부터 무슨 말인지 이해하기 어려울 것이다. 글을 읽고는 있지만 이해는 하나도 되지 않는, 말 그대로 글자만 읽고 있는 자신을 발견하게 된다. 그러니 그 독서가 지속적으로 이어질 수 있었겠는가? 또 어렵게 읽었다 한들 책의 내용이 제대로 이해되지 않았는데 내 삶에 무슨 도움이 될 수 있겠는가?

읽어야 할 책은 수백 권에 이르는데 한 권을 겨우 읽어냈더니 다음 책 역시 읽히지 않는다. 이런 상황에서 아무리 좋은 책들을 추천받는다고 해도 끝까지 읽을 수 있는 사람은 거의 없을 것이다. 나 역시도 그러했다.

평소에 독서를 좋아하는 나는 더 이상 읽을 책이 마땅치 않던 차에 좋은 책 추천 리스트를 얻게 되었고 호기롭게 그 리스트에 적힌 책들을 다 읽어보자는 목표를 세웠었다. 한 마흔 권쯤 읽었을까? 문득 내가 무엇을 하고 있나 하는 회의감이 들기 시작했다. 리스트를 하나하나 지워가며 읽어야 하는 책들을 억지로 읽자니 의미도 와닿지 않고 재미가 없었다. 그래서 나는 단호하게 읽는 것을 그만두었다. 대신에 내가 읽고 싶은 책들을 읽기로 했다. 상황에 따라 호기심이 생기거나 흥미가 생기는 분야의 책들을 읽기 시작한 것이다. 그리고 지금까지 나는 매일 책을 읽어나가고 있다.

내가 만약 좋다고 권장되는 책들을 계속 읽었다면 독서라는 행위 자체를 중단했을지도 모른다. 독서는 재미없고 내 삶에 도움이 안 되는 것이라는 생각만 남긴 채 나의 독서는 끝났을 것이다. 이는 추천된 책을 읽는 권장 독서가 얼마나 위험한지를 잘 보여준다.

독서를 하려고 했던 의욕이 오히려 독서를 중단하는 촉매가 되고 마는 것이다. 따라서 우리는 책을 읽기에 앞서 누군가가 추천한 책 역시 그 사람의 의견에 불과하다는 사실을 깨달아야 한다. 유명한 사람이 추천했다고 하더라도 내게는 좋은 책이 아닐 수도 있다는 생각을 해야 한다.

그래야 내가 읽고 싶은 책을 읽을 수 있게 된다. 그리고 그때서야 독서는 내 삶에 좋은 동반자가 될 것이다.

성적이 올라가는 것도 아닌데 왜 읽어야 하는 걸까 02

내가 고등학생 때의 이야기다. 부모님도, 학교 선생님도 모두 좋은 대학에 가야 한다고 말씀하셔서 나의 고등학생 시절은 오로지 '명문 대학 입학'이 유일한 목표였다. 그래서 무언가를 할지 말지 고민할 때에도 명확한 단 하나의 기준을 가지고 결정할 수 있었다. '내가 좋은 대학에 가는데 도움이 되는가? 되지 않는가?'

예를 들면 이런 것이다. 내가 친구들과 쉬는 시간에 축구를 할까 말까 고민이 되었다면 스스로에게 이렇게 물었다.

'내가 쉬는 시간에 축구하는 것이 명문 대학에 가는 데 도움이 될까?' 여기서 'YES'가 나오면 축구를 하는 것이고, 'NO'가 나오면 축구를 하지 않는 것이다.

이런 명확한 판단 기준은 '내가 이성 친구를 사귀는 것이 좋은가?', '시험이 끝나고 친구들과 노는 것이 좋은가?', '학교에서 야

간 자율학습을 하는 것이 좋을까? 학원을 다니는 것이 좋을까?'
등 다양한 고민들에 명확한 답을 내려주었다.

그런 나에게 독서는 많은 고민을 하게 했다. '학교 수업과 관
계없는 다양한 책들을 읽고 싶다'는 나의 고민에 대부분 답이
'YES'보다는 'NO'에 가까웠기 때문이다. 결국 너무 읽고 싶은 책
이 있으면 틈틈이 읽되 최대한 교과서 외에 다른 책들은 보지 않
으려고 노력했다.

누군가에게는 고리타분하고 재미없는 독서

그렇게 대학에 입학한 후, 이제 누구도 나의 행동을 방해하는
사람이 없었다. 우리나라의 모든 교육들이 대학 입시에 초점을
맞춰서 행해지고 있기에 대학생들에게는 상대적으로 자유와 여
유가 생긴 것이다. 물론 요즘에는 이마저도 취업 준비로 고등학
생보다 더 바쁜 대학 생활을 보내지만 말이다.

어찌 됐든 나는 아무도 간섭하지 않는 틈을 타 학교 도서관에
서 원하는 만큼 책을 읽기 시작했다. 남들이 자격증 준비하고 토
익 공부를 할 때도 나는 읽고 싶은 책들을 읽었다. 그러다 보니
주변 친구들이나 선후배들이 책을 왜 이렇게 보냐고 묻기 시작
했다. 그때 나의 대답은 단순했다. "재미있으니까 읽어요."

독서라고 하면 가장 먼저 떠오르는 생각이 무엇인가? 아마 대
부분은 고리타분하고 지루한 것을 떠올릴 것이다. 우리에게 독

서란 재미있는 기억도 없을 뿐만 아니라 강제로 관심도 없는 책을 읽고 독후감까지 써야 하는 과제였을 테니까.

독서가 게임만큼 재밌을 수 있는 이유

하지만 독서라는 행위는 본래 따분한 것이 아니다. 우리가 독서를 즐겼던 적이 없었기 때문에 지루한 것으로 여기고 있을 뿐이다. 사실 독서는 게임만큼이나 재미있는 놀이다. 독서를 하는 행위나 게임을 하는 행위나 그 목적은 사실 같기 때문이다.

그런데 많은 사람들이 이 사실을 모르고 있다. 심지어는 독서와 게임을 반대되는 것으로 인식하기도 한다. '게임 그만하고 책 좀 읽어'라는 말은 사람들이 독서를 어떻게 생각하고 있는지를 잘 보여준다. 하지만 조금만 들여다보면 독서든 게임이든 그 본질은 결국 같다는 것을 금방 알게 될 것이다.

그리고 그 순간부터 독서라는 행위가 굉장히 재미있는 놀이라는 것을 깨닫게 될 것이다. 궁금하지 않은가? 정반대로 보이는 독서와 게임이 같은 것이라니.

서울대학교 소비자학과 김난도 교수가 게임 회사에 갔을 때의 이야기다. 업무 때문에 게임 회사에 방문한 김난도 교수는 게임 회사 임직원에게 이런 질문을 했다고 한다. "게임은 뭐 때문에 이렇게 재미있어요?" 도대체 무엇 때문에 그토록 사람들이 게임에 빠져드는지 궁금했던 것이다. 그러자 임직원은 이렇게 답했다고 한다. 게임에는 빠져서는 안 되는 중요한 요소가 몇 가지 있는데 그중 하나가 바로 '성장'이라고. 사람은 본능적으로 성장하는 것을 좋아한다는 말이었다. 내가 키우는 게임 캐릭터의 레벨이 올라가고 쓰지 못했던 강력한 기술을 쓰고 더 좋은 아이템을 장착하고 더 큰 힘을 가지게 되는 '성장'. 이것이 사람들에게 게임을 계속하게 만드는 중요한 요소 중 하나라는 것이다.

그래서 게임 회사에서는 이 성장의 요소를 어떻게 게임에 반영해서 플레이어들이 '성장'의 즐거움을 잘 느낄 수 있도록 만들지 고민한다는 것이다. 게임을 해본 사람이라면 누구나 이 재미를 알 것이다. 적을 물리칠 때의 쾌감, 게임 캐릭터의 레벨이 올라갈 때마다 느껴지는 성취감, 내가 키우는 캐릭터가 강한 데서오는 자존감 등. 이 모든 게 게임 캐릭터의 '성장'에서 비롯되는 것이며 바로 이런 요소들이 사람들이 게임에 빠지게 되는 이유중 하나인 것이다.

삶에서 가장 재미있는 요소, 성장

그런데 게임 곳곳에 숨겨 있는 '성장'의 코드가 게임 속에만 있을까? 우리가 실재하는 이 현실 세계에서도 '성장'의 코드는 곳곳에 존재한다. 그리고 우리는 이러한 성장을 게임 속에서뿐만 아니라 현실 세계에서도 굉장히 좋아한다.

우리가 꼬마였을 때를 생각해보면 더 쉽게 공감할 수 있다.

꼬마였을 때 우리는 '빨리 어른이 되고 싶다'는 생각을 많이 한다. 나이가 어려서 하지 못하는 것들이 많은 시기라 키도 빨리 크고 싶고 어른이 되어서 이것저것 해보고 싶은 것도 많아진다. 그래서 그때는 '내가 어른이 되면 무엇을 할까?' 상상하는 것만으로도 즐겁다. 이게 '성장'의 코드다.

이뿐만이 아니다. 우리가 보는 만화나 영화에도 성장의 코드가 곳곳에 있다. 변신하고 진화하고 약했던 주인공이 강해지는 스토리들. 우리는 이런 성장 이야기에 열광한다. 식물을 키우는 것도, 반려 동물을 키우는 것도 모두 같은 맥락이다.

이들의 성장을 지켜보는 것만으로도 즐겁기 때문에 우리는 식물과 동물을 키우는 것이다. 이처럼 성장은 보기만 해도 재미있고 즐거운 것이다.

나를 성장시키는 가장 좋은 방법, 독서

그렇기 때문에 독서는 최고로 '즐거운 놀이'가 될 수 있다. 독서만큼 나를 빠르게 성장시킬 수 있는 것도 없기 때문이다. 독서는 그 자체만으로도 성장의 동력을 일으킨다.

누군가가 일평생 쌓아온 지식과 노하우를 삼백 페이지 남짓한 책 한 권으로 배울 수 있는 것. 이만 원도 안 되는 돈으로 몇 시간만 투자하면 몰랐던 것을 알 수 있는 행위가 어찌 즐겁지 않을 수 있겠는가. 동식물의 성장을 지켜보는 것만으로도 즐거운

데 말이다. 이처럼 독서의 '성장' 코드를 알게 된다면 우리가 좋아하는 게임만큼이나 독서에서도 큰 즐거움을 느낄 수 있게 된다.

오죽하면 활자 중독이라는 말도 있지 않은가. 게임 중독처럼 말이다. 생각해보면 누구나 책을 좋아하고 재미있어하던 시기가 있었다. 엄마가 동화책을 읽어주고 스스로 한글을 깨우치고 책을 더듬더듬 읽어갈 그 무렵, 우리는 엄마가 읽어주는 책을 보고 들으며 스르르 잠이 들곤 했다.

그때는 엄마가 책을 읽어주지 않으면 책을 읽어달라고 울면서 졸라댔다. 책을 읽어주지 않으면 절대 잠이 안 온다면서 말이다. 그렇게 책 없이는 잠도 들지 못했던 우리가 어느 순간부터 책을 멀리하기 시작했다. 왜 이렇게 되었을까?

독서를 통해 성장의 즐거움을 느낄 수 없는 이유

성장의 코드가 있는 독서에서 우리가 재미를 느끼지 못하게 된 데는 여러 가지 원인이 있다. 그중 대표적인 것이 책 선정과 관련 있다. 게임을 할 때도 플레이어의 수준보다 지나치게 높은 난이도의 미션을 수행하게 되면 자꾸 캐릭터가 죽고 재미가 없어진다. 내 게임 실력과 미션의 수준이 맞지 않아 죽기만 할 뿐 즐길 수가 없는 것이다.

독서도 마찬가지다. 내가 알고 싶고 관심 있는 분야와 내게 맞는 수준의 책을 읽어야 한다. 부모님이, 선생님이 읽어야 한다고 강요하는 책들이 내게 맞지 않는다면 재미있을 리 없다. 거기다가 숙제라는 이름으로 독후감까지 써야 한다면? 그건 더 고역이 되고 만다.

독서는 본래 삶에서 가장 재미있는 놀이다. 독서가 내 삶에 성장을 가져다주기 때문이다. 그런데 어느 순간부터 재미있던 놀이가 과제가 되고, 하고 싶은 것이 해야만 하는 것이 되면서 그 속에 숨어 있던 '성장'의 코드가 사라지게 되었다.

성장의 코드가 사라진 독서는 글자를 읽는 행위에 불과하고 당연히 거기엔 즐거움이 남아 있을 리 없다. 그러니 이제부터라도 독서의 즐거움을 다시 되찾아야 한다. 그 즐거움은 독서를 하는 데서 오는 '성장'에 숨어 있다. 따라서 지금부터 독서를 해야만 한다는 의무감을 버리자. 몰랐던 것을 알고 싶고, 못했던 것을 해내고 싶은 원초적인 욕망에 집중하자. 그 욕망을 충족시키면서 자연스럽게 일어나는 성장의 즐거움을 느끼기 시작한다면 독서는 삶에서 가장 재미있는 놀이가 될 것이다.

그러면 우리는 다시 한 번 책읽기의 즐거움에 빠져들 수 있을 것이다. 원래부터 우리는 모두 독서를 좋아했으니까.

03 | 미디어 플랫폼보다
더 재밌고 유익하다

우리가 새해 결심으로 세우는 계획 중 하나가 바로 '책읽기'다. 책을 읽으면 좋다는 것도 잘 알고 있고, 성공한 사람들도 하나같이 독서의 중요성을 강조하다 보니 우리는 늘 책을 읽어야겠다는 생각을 가지며 살아간다.

그런데 어떤가? 매일 책을 읽고 있는가? 야근을 하고 와서도 어떻게든 책을 읽으려고 노력하고 있는가? 아마 대부분이 그렇지 못하고 있을 것이다. 오늘은 피곤해서, 친구들하고 약속이 있어서, 기분이 안 좋아서, 집중이 안 되어서 등 여러 이유로 책읽기를 미루고 있을 것이다.

일상에서 책을 읽는 사람을 발견하기란 쉽지 않다. 종종 지하철을 타고 이동할 때 보면 책을 손에 들고 있는 사람은 많아야 한 칸에 한두 명에 불과하다. 이렇듯 많은 사람들이 책을 읽어야 한다고 생각하지만 실제로는 책을 읽지 않는다. 이는 수치로도 확인이 가능하다. 문화체육관광부에서 발표한 '2019년 국민 독서실태 조사'에 따르면 우리나라 성인의 연간 독서량은 6.1권이었다. 한 달에 0.5권, 책 한 권에 삼백 페이지 정도라고 생각하면 하루에 평균 다섯 페이지 정도를 읽고 있는 셈이다.

이보다 더 놀라운 사실은 종이책 기준으로 1년에 책을 한 권도 읽지 않는 성인이 47.9퍼센트나 된다는 사실이다. 대한민국 성인 남녀 2명 중 1명은 1년에 책을 한 권도 읽지 않는 것이다.

책을 위협하는 새로운 콘텐츠들의 등장

책을 읽어야 한다는 생각은 가지고 있지만 읽지 않는 현실을 우리는 어떻게 받아들여야 할까? 거기에는 많은 원인이 있을 것이다. 책을 읽는다는 것이 지루하기 때문일 수도 있고, 다른 볼거리가 너무 많아진 시대적 상황도 있을 것이다.

'2019년 국민 독서실태 조사'에서도 이러한 사실을 확인할 수 있는데 독서가 어려운 이유로 "책 이외의 다른 콘텐츠 이용"이 1위를 차지했다. 그렇다면 사람들은 무엇을 보기 시작한 것일까?

그것은 유튜브, 인스타그램, 페이스북 등과 같은 콘텐츠 플랫폼들이었다. 애플리케이션의 사용자 행태 분석 데이터를 제공하는 와일즈앱&와이즈리테일에서 발표한 자료에 따르면 앞서 말한 콘텐츠 관련 애플리케이션들의 사용량이 2018년 대비 2019

년 모두 증가했다. 특히 유튜브와 인스타그램은 전년 대비 약 30%의 증가율을 보일 정도로 증가세가 가팔랐다. 이는 책이 제공하던 효용을 다른 수단들이 대체하고 있음을 보여준다.

이제 우리는 더 이상 책에 의존해서 지식과 정보, 경험을 얻지 않는다. 영상을 통해 사람들의 경험과 노하우를 익히고, 이미지를 통해 지식을 얻는다. 주식투자로 수십억을 번 사람이 직접 영상을 통해 자신의 경험과 노하우를 이야기하고, 사업이 망한 사람이 왜 망했는지 진솔하게 이야기하는 시대다.

이뿐인가, 1분 1초가 소중한 현대인들에게 꼭 필요한 정보만을 읽기 쉽고, 보기 쉽게 이미지로 전달하기도 한다. 사람들은 이를 통해 짧은 시간 동안 여러 가지 유용한 지식과 정보를 빠르게 습득한다. 과거에는 책을 통해서만 가능하던 것들이 이제는 다양한 매체를 통해 대체되고 있다. 책보다 더 효과적이고 효율적인 콘텐츠가 범람하는 시대에 사람들이 점점 책을 읽지 않는 것은 너무나도 당연한 현상일지도 모르겠다. 나라도 책보다 재미있고 유익한 것에 눈길이 간다.

더 이상 책에서 답을 찾지 않는 사람들

그렇다면 이제 책의 시대는 끝나는 것일까? 나는 그렇지 않다고 생각한다. 단지 책이 해오던 역할을 대체할 만한 것들이 등장했을 뿐이다. 대표적인 것이 유튜브다. 유튜브에는 정말 없는 영상 빼고 모든 게 있다. 예를 들어 다이어트를 가지고 한번 이야기해보자. 유튜브가 유명해지기 전에 사람들은 다이어트에 대한 정보를 책과 같은 텍스트를 통해 얻었다. 1일 차 몸무게 82kg, 2일 차 몸무게 81kg, 10일 차 몸무게 78.5kg 이런 식으로 활자로만 지식과 정보를 습득하다 보니 사실 신뢰하기가 어려웠다. 정말 그렇게 빠졌을 수도 있고 전혀 그렇지 않았을 수도 있었지만 단지 책에서 그렇다고 하니 믿을 뿐이었다.

하지만 유튜브는 달랐다. 글자로만 이야기하는 것이 아니라 1일 차, 2일 차, 3일 차 자신이 먹은 것과 체중의 변화를 있는 그대로 날것으로 보여준다. 그러다 보니 책보다 훨씬 신뢰가 갈 뿐만 아니라 생동감까지 넘친다. 설령 나는 저렇게 다이어트를 하지 못하더라도 영상 속 사람의 변화를 통해 대리만족을 느낀다.

실제로 변화가 눈앞에서 펼쳐지니 나도 마음만 먹으면 할 수 있겠다는 자신감과 믿음이 생기는 것이다. 이처럼 유튜브의 강력한 콘텐츠는 사람들의 시간을 빼앗아가기에 충분했다.

그렇기에 독서량이 줄어들고 있다는 통계는 더 이상 놀랍지 않다. 이는 사람들이 기대하는 역할을 책이 제대로 하지 못하고 있기 때문에 나타나는 현상일 뿐이다. 내가 얻고자 하는 것을 얻을 수 없다면 더 이상 책을 볼 필요가 없지 않은가. 우리가 더 이상 책을 읽지 않게 된 이유는 바로 여기에 있다.

이제 사람들은 자신에게 필요한 정보를 더 이상 텍스트로 찾아보지 않는다. 영상을 통해서 해결한다. 부동산에 투자하는 방법도, 주식투자 노하우도, 옷을 잘 입는 법도, 김치찌개를 잘 끓이는 법도 모두 활자가 아닌 영상을 통해 답을 찾는다.

하나부터 열까지 친절하게 생생한 영상으로 내가 원하는 정보를 보여주는 유튜브는 재미있는 데다가 유익하기까지 하다. 2019년 네이버의 최다검색어가 '유튜브'라는 사실은 얼마나 많은 사람들이 유튜브를 통해 정보를 얻고 있는지를 잘 나타내준다.

유튜브만 보는 사람들과 책을 보라고 말하는 유튜버들

그런데 한 가지 재미있는 사실은 수많은 유튜브 채널에서 책을 보라고 강조한다는 것이다. 주식 채널을 보든 부동산 채널을 보든 또는 심리나 사업을 다루는 채널을 보든 하나같이 유튜브도 좋지만 책을 읽으라고 이야기 하고 있다. 왜 그럴까?

유튜브에서도 재미있고 유용한 지식을 많이 얻을 수는 있지만 책만이 줄 수 있는 가치가 있기 때문이다. 물론 아직은 독서가 익숙지 않아 책이 가진 그 가치를 잘 느끼지 못할 수도 있다. 하지만 많은 사람이 특히 유튜버들이 계속 책읽기를 강조하는 데는 분명한 이유가 있다.

나는 당신이 그 이유를 직접 느껴봤으면 좋겠다. 책이 가진 가치와 매력을 느낀다면 유튜브가 범람하는 이 시대에서도 책을 읽고 있는 당신의 모습을 보게 될 것이다.

사람들은 왜 책을 읽지 않는 걸까   04

대학을 다니던 시절, 매월 마지막 주 토요일이면 내가 늘 해왔던 일이 있다. 바로 내가 직접 고른 책들을 잔뜩 쌓아놓고 밤을 새워 책을 읽는 일이었다. 평소에 읽고 싶었던 책을 잔뜩 빌려다 놓고 한 권, 한 권 읽어나가던 그날은 정말 행복한 밤이었다.

그렇게 독서를 해왔기에 나는 친구들이 이토록 재미있는 책을 왜 읽지 않는지 이해할 수가 없었다. 단지 중간고사, 기말고사를 준비해야 한다든가 토익 공부를 한다든가 이성 친구를 만난다든가 취업 준비를 해야 해서 읽지 못하는 것이라고 짐작할 뿐이었다.

친구들도 사실은 독서를 하고 싶은데 현실적인 이유로 하지 못하고 있을 뿐이라고 생각했던 것이다. 그래서 나는 그들도 시간적 여유가 생기면 당연히 책을 읽을 것이라고 생각했다. 하지만 아니었다. 친구들은 시간이 나면 놀러간다든지 게임을 한다든지 다른 것들을 하곤 했다. 그들은 책 읽는 것을 그다지 좋아하지 않았던 것이다.

이런 이야기가 비단 내 친구들만의 이야기는 아니라고 생각한다. 사람들은 책을 읽지 않는다. 어렸을 때부터 책을 읽으라고 수도 없이 들었을 우리나라 특유의 교육열을 떠올리면 사람들이 책을 읽지 않는 사실이 굉장히 놀랍다. 게다가 더욱 놀라운 것은 학교 다닐 때 책을 가까이 해서 공부를 잘했던 친구들도 대학 이후에는 책을 거의 읽지 않는다는 사실이다.

초등학교 때부터 고등학교를 졸업할 때까지 최소 12년 동안은 열심히 책만 봐서 명문 대학에 간 사람이라면 책을 많이 읽을 법도 한데, 2019년 서울대학교 중앙도서관에서 밝힌 서울대학교 학부생 1인당 대출 권수는 8.9권에 불과하다. 공부를 가장 잘하는 서울대생조차도 도서관에서 한 달에 책 한 권을 대출하지 않는 것이다.

책을 읽지 않는 것은 당신의 잘못이 아니다

도대체 사람들은 왜 책을 안 읽을까? 볼거리가 많아진 것도 영향이 있겠지만 그것은 본질적인 이유가 아니라고 생각한다. 사람들이 독서를 하지 않는 이유는 독서가 사람들에게 만족감을 주지 못했기 때문이라고 생각한다. 돈을 써서 책을 구입하고 시간을 내서 책을 읽었으면 그에 맞는 보상이 있어야 할 것이다. 그 보상이 꼭 돈이 아니더라도 즐거움이나 지적 충족감 아니면 만족감 등 어떤 형태로든 말이다. 하지만 재미도 없고 뭔가 변화하거나 얻어지는 게 없으니 더 이상 독서를 하지 않게 되는 것이다.

우리가 국어 시간에 배운 소설이나 시 같은 문학작품들을 떠올려보자. 인류사적으로 의미가 있든 문장의 표현력이 뛰어나든 어떤 이유로든 반드시 읽어볼 만하다고 손꼽히는 문학작품들 말이다. 문학적 감수성이 있는 사람이라면 이런 시나 소설에 깊은 감명을 받고 문학작품이 주는 지적 유희를 즐길 수 있을 것이다. 그런데 모든 사람들이 다 그럴까? 합리적인 이성이 넘치는 사람이라면 시를 읽어도 별 감흥이 없고 소설을 읽어도 큰 재미를 느끼지 못할 것이다.

나의 경우가 그러했다. 교과서에 한 번쯤 나왔던 문학작품들, 죽기 전에 꼭 읽어봐야 한다는 소설들을 읽어보려고 노력은 했으나 나에게는 별 재미가 없었다. 외국 문학작품들은 주인공 이름부터 굉장히 낯설었고 장편소설은 내용이 너무 길어 결말쯤에는 무슨 이야기를 하고 싶은 건가 싶었다.

그래도 한 번쯤은 꼭 읽어봐야 한다고 해서 억지로 꾸역꾸역 읽기는 하였으나 결국에 다 읽고 나서 남은 것은 '그래도 읽어냈다'라는 것뿐이었다. 한 글자, 한 글자 읽었으나 아무런 감흥이 없던 그 느낌. 말 그대로 읽어야 한다고 하니까 읽은 것이다. 당연히 거기에는 재미도, 감동도 없었다.

그렇다면 비문학은 어떨까? 자기계발서나 경제서, 사회과학 도서 등과 같은 책들 말이다. 특히 자기계발서 같은 경우는 비교적 목적이 분명한 책이니 사람들이 많이 읽지 않을까? 문학작품들은 시대적 이해나 작가의 대한 지식이 있어야 더 잘 즐길 수 있다지만 비문학들은 주로 지식이나 정보를 전달하는 것이니 훨씬 더 만족도가 크지 않을까?

우리는 책읽기를 통해 원하던 것을 얻었을까

그런데 한번 생각해보자. 우리가 보통 삼백 페이지에 달하는 자기계발서를 읽으면서 정말 원하는 것을 얻었는지, 책을 읽어서 부자가 됐다거나, 다이어트에 성공을 했다거나, 내가 상상한 것들이 현실이 됐다거나 등등 말이다.

만약 책을 읽은 사람들이 정말 이런 것들을 얻었다면 많은 사람들이 책을 읽고 있을 것이다. 하지만 대부분의 사람들은 책을 통해 얻고자 했던 것들을 얻지 못했다. 책을 읽었지만 자신의 삶에 변화가 일어나지 않은 것이다. 나는 바로 여기에 사람들이 더이상 책을 읽지 않게 된 이유가 있다고 생각한다.

독서의 선순환 vs 악순환

많은 사람들이 혹시나 하는 마음에 자신의 꿈을 이뤄줄 책을 읽었지만 역시나 책대로 되지는 않았다. 부자, 다이어트에 관한 책들은 수없이 많지만 정말 부자가 된 사람과 정말 다이어트에 성공한 사람은 극히 드물다. 책을 읽을 때는 정말 그렇게 될 것만 같았는데 실제로는 그렇게 되지 않는 현실을 마주하면서 사람들은 점점 책을 읽지 않게 되는 것이다. 책을 읽어봐야 실망감만 늘어날 뿐인데 읽는 사람이 있을까? 결국 이런 결과가 책을 읽지 않게 만드는 것이다.

보통의 경우 책을 많이 읽는 사람들은 다음과 같은 경험을 거친다. 먼저 어떠한 책을 재밌게 읽으면 그 재미로 인해 다른 책을 찾게 되고 그렇게 한 권, 두 권 책을 읽어나가다 보면 자연스럽게 자신이 가지고 있던 생각이 바뀌고 행동이 달라지면서 삶에 변화가 일어나게 된다.

그 변화를 목격하는 것이 즐겁고 행복해 더 많은 책이 읽고 싶어지고 다시 또 재미있게 책을 읽는다. 이런 과정이 반복되면 책 읽는 것이 그 무엇보다도 재밌어지고 변화하는 자신의 삶이 만족스럽고 행복해진다. 그래서 지속적으로 책을 읽게 된다.

그런데 책이 재미없다면 어떻게 될까? 독서를 해야 된다는 생각은 있으나 책을 읽지 않는 사람들은 보통 이런 과정을 거친다. 딱히 관심은 없지만 도움이 된다고 해서 책을 읽게 됐고 읽는 내내 재미가 없다. 그래도 어떻게든 끝까지 다 읽었는데 아무런 느낌을 받지 못했다. 돈과 시간을 들여 큰맘 먹고 읽은 건데 남은 것이 아무것도 없다는 사실에 실망감을 느끼게 되고 그 이후 독서에 대한 회의감이 생겨 책을 읽지 않는다.

결국 기대감을 가지고 읽어나간 책이 원하던 결과로 이어지지 않자 실망을 하게 되고 이것이 몇 번 반복되면서 책을 완전히 멀리하게 되는 결과가 나오게 되는 것이다. 혹시 내가 책을 멀리하고 있다면 이러한 경험이 있지는 않은지 돌아보자. 그 부분을 바꾸는 것이 앞으로 책을 읽으려는 우리가 해야 하는 일이다.

매일 책을 읽을 수 없는 이유 **05**

책 읽는 사람들이 없다고 하지만, 누군가는 매일 책을 읽는다. 그리고 여전히 누군가는 책 읽는 것에 어려움을 겪는다. 이 둘의 차이는 무엇일까? 대부분의 사람들이 책 읽을 시간이 없다고 말한다. 근데 정말 시간의 문제일까? 시간은 모든 사람들에게 평등하게 주어지므로 시간의 문제는 아닐 것이다.

그렇다면 자본주의 사회에서 정말 중요한 돈의 문제일까? 실제로 돈이 없어서 하지 못하는 일이 얼마나 많은가. 하지만 책은 비싸지 않을 뿐만 아니라 도서관에 가면 무료로 빌려볼 수도 있으니 돈의 문제도 아니다. 그렇다면 도대체 매일 책을 읽는 사람과 매일 책을 읽지 못하는 사람은 무엇이 다른 걸까?

독서에 대한 우선순위가 독서량을 결정한다

그것은 바로 '우선순위의 차이'다. 매일 책을 읽는 사람과 읽지 못하는 사람이 다른 것은 오직 하나. 책읽기가 우선순위에 있는가, 없는가이다. 책읽기가 우선순위 1순위인 사람은 무슨 일이 있어도 책을 읽는다. 아무리 바빠도 반드시 책을 읽는다.

반면에 책읽기가 우선순위 밖에 있는 사람은 읽지 않는다. 해도 되고 안 해도 되기 때문에 다른 일에 밀려 책을 읽지 못한다. 책읽기가 늘 2순위인 것이다. 그렇기 때문에 만약 내가 책을 읽고 싶다면 해야 할 일은 무척이나 간단하다.

바로 책읽기를 높은 우선순위로 두면 된다. 그렇다면 우선순위를 높게 정한다는 것은 무슨 의미일까? 《성공하는 사람들의 7가지 습관》의 저자인 스티븐 코비 박사가 이야기한 시간관리 매트릭

| 시간관리 매트릭스 |

	긴급함	긴급하지 않음
중요함	I 활동 • 위기 • 급박한 문제 • 기간이 정해진 프로젝트	II 활동 • 예방, 생산능력 활동 • 인간관계 구축 • 새로운 기회 발굴 • 중장기 계획, 오락
중요하지 않음	III 활동 • 작업의 흐름을 방해하는 사소한 일들 • 일부 전화·우편물·보고서·회의 • 눈앞의 급박한 상황 • 인기 있는 활동	IV 활동 • 바쁜 일, 하찮은 일 • 일부 우편물 • 일부 전화 • 시간 낭비거리 • 즐거운 활동

출처 : 스티븐 코비, 《성공하는 사람들의 7가지 습관》, 김영사, 2017

스를 보면 우선순위를 높게 둔다는 것의 의미를 정확히 알 수 있다. 스티븐 코비 박사는 중요성과 긴급성이라는 두 가지 기준으로 우리가 하루 동안 해야 할 일을 다음과 같이 네 가지로 구분했다.

스티브 코비 박사는 시간관리 매트릭스를 제시하면서 성공적인 삶을 사는 사람들은 III번과 IV번 일에 시간을 투입하지 않는다고 이야기했다. 굳이 하지 않아도 되는 일을 하지 않음으로써 생기는 시간을 II번에 투입해야 한다고 말했다.

여기서 한 가지 재미있는 것은 중요하고 긴급한 I번 일이 아닌 중요하고 긴급하지 않은 II번 일에 더 많은 시간을 할애해야 한다는 것인데, 이는 우리가 I번 일만 하게 된다면 긴급하고 중요한 일에 파묻혀 장기적으로 더 중요한 일을 하지 못하기 때문이다.

결국 파도처럼 끊임없이 들이닥치는 '긴급하고 중요한' 일에 파묻혀 삶에서 정말 중요한 일을 하지 못하는 상황이 발생해 궁극에는 자신을 파괴시켜버리고 마는 것이다. 그래서 성공한 사람들은 중요하지만 긴급하지 않은 일에 많은 시간을 투입해 삶의 균형을 맞춰나간다. 닥치는 일에 휘둘리지 않도록 말이다.

매일 책을 읽는 사람 vs 책을 읽지 않는 사람

다시 독서 이야기로 돌아와 보자. 매일 책을 읽는 사람과 매일 책을 읽지 못하는 사람은 우선순위가 어떻게 다른 걸까? 매일 책을 읽지 못하는 사람은 책 읽는 것을 중요하지도 않고 긴급하지도 않은 일이라고 생각할 것이다. 그러니 긴급한 일들을 먼저하게 되고 그 일들을 다 해내고 나면 책 읽을 시간이 없는 것이다. 매일 그렇게 일상이 반복되면 1년에 책 한 권도 못 읽는 것은 지극히 자연스러운 일이 된다.

반면 매일 책을 읽는 사람은 독서를 중요하지만 긴급하지는 않은 2번이라고 생각한다. 지금 당장 꼭 해야 하는 것은 아니지만 중요한 일이기에 꾸준히 하는 것이다. 매일 꾸준히 하면 어떤 형태로든 큰 성과로 이어질 것을 알고 있기 때문이다.

매일 한 권의 책을 읽고 블로그에 리뷰를 쓰고 유튜브에 영상을 올리고 있는 나 역시도 독서를 2번의 일이라고 생각한다. 오늘 당장 책 한 권 안 읽는다고 해서 무슨 일이 생기거나 나에게 큰 피해가 생기지는 않지만 매일 책을 읽고 리뷰를 쓰는 이유는 이렇게 꾸준히 책을 읽어나가면 어떤 형태로든 내 삶에 변화를 가져다줄 것이라는 믿음이 있기 때문이다.

어제보다 더 나은 오늘, 오늘보다 더 멋진 내일을 만들 것이라는 믿음, 당장의 책 한 권을 읽고 큰 깨달음이나 영감을 받아 내삶이 달라지는 것은 없지만 매일같이 책읽기를 13년 동안 해오다 보니 함께 학교를 다니던 친구들과 생각, 행동, 삶이 많이 달라지기 시작했다. 나도 모르게 책에서 받은 영향들이 조금씩, 조금씩 쌓이면서 내 삶을 변화시킨 것이다.

독서의 우선순위를 높여라

이제 나의 삶을 되돌아보자. 참여하기 싫은데 거절하지 못해 어쩔 수 없이 참여한 모임이 있지는 않은가?

그 모임은 중요하지 않고 긴급한 일인 3번에 해당된다. 또 할 일이 없어 의미 없이 인스타그램 사진들을 둘러보거나 다른 사람의 페이스북을 염탐하고 있지는 않은가? 이 일은 바로 중요하지 않고 긴급하지 않은 4번에 해당된다. 이런 일들이 당신의 시간을 차지하고 있기 때문에 결국 당신은 매일 책을 읽을 수 없는 것이다.

이것을 바꾸기 위해서는 책을 읽는 것에 대한 생각을 먼저 바꾸어야 한다. 책 읽는 것을 중요하지 않고 긴급하지 않은 일이 아니라 중요하고 긴급하지 않은 일이라고 생각하는 것이다. 물론 처음에는 잘 안 될 것이다. 사람의 생각이 바뀌기는 쉽지 않으니까. 머릿속으로는 긴급하지 않고 중요한 일이라고 생각할지 몰라도 행동이 잘 뒤따라주지 않을 것이다.

만약 머릿속에서는 이미 독서가 중요한 일이라고 생각하고 있다면 먼저 몸에 익히는 작업부터 해보자. 일정한 시간을 정해놓고 그 시간에는 절대적으로 책을 읽는 것이다.

예를 들면 아침 일찍 일어나 30분 정도 책 읽는 시간을 정해놓는다든지, 아니면 퇴근하고 잠자기 30분 전을 책 읽는 시간으로 정해놓아도 좋다. 점심시간을 정해두어도 전혀 관계없다. 중요한 것은 하루 중 그 시간에는 일단 다른 것을 다 제쳐두고 책을 읽는 것이다. 책이 읽히든, 읽히지 않든 일단은 손에 책을 잡는 습관을 들이는 것이다. 그렇게 그 시간에 손에 책을 쥐기 시작하면 점점 긴급하지는 않지만 중요한 일로 몸이 받아들이기 시작할 것이다. 다른 긴급한 일들을 모두 제쳐두고 그 시간에는 책을 읽고 있을 테니까 말이다.

그렇게 하루가 지나고 이틀이 지나고 일주일이 지나고 한 달이 지나면 어느새 매일 책을 읽고 있는 자신의 모습을 발견하게 될 것이다.

재미없는 것은 독서가 아니라 잘못 고른 책이다

06

독서가 재미없는 이유는 무엇일까? 책이라는 게 원래 그렇게 재미없는 것일까? 책이 원래 재미없는 것이라면 아마 나부터도 책을 읽지 않았을 것이다. 하지만 나는 책이 이 세상에서 가장 재미있는 것이라고 생각한다. 무궁무진한 주제와 거기에 대한 다양한 생각들 특히 내가 미처 생각하지도 못한 것들이 담긴 책을 만날 때면 그 무엇과도 바꿀 수 없는 쾌감이 느껴진다.

변태냐고? 그렇지 않다. "유레카!"를 외치며 발가벗은 채로 욕조 밖으로 뛰쳐나간 고대 그리스의 수학자 아르키메데스도 있지 않았는가. 그가 느낀 앎의 기쁨이 내가 책을 읽으며 느낀 쾌락과 크게 다르지 않을 것이라고 생각한다.

독서가 재미없는 이유

많은 사람들이 책에 대해 어렵고 지루한 것이라는 선입견을 가지고 있다. 하지만 절대 그렇지 않다. 책에 대한 잘못된 편견일 뿐이다. 2018년 기준 5억 부가 팔린 조앤 롤링의 '해리포터 시리즈'가 과연 재미없는데도 그렇게 많이 팔린 것일까? 아니다. 재밌으니까 많은 사람들이 찾은 것이다. 즉 원인은 책 자체가 아니라 내가 보는 책이 '재미없다는 사실'에 있는 것이다.

내가 보는 책이 재미없는 이유는 두 가지가 있다. 첫째는 분야 자체에 흥미가 없는 경우다. 만약 지리에 관심이 많은데 물리학에 대한 책을 읽는다고 생각해보자. 속도와 속력이 나오고 등가속도, 뉴턴 운동이 나오는 순간 무슨 소리인지 졸음이 쏟아지기 시작할 것이다. 반면 세계 지리가 역사적 사건에 미친 영향을 다룬 책을 읽는다면 아무리 어려운 단어와 개념이 나와도 시간 가는 줄 모르고 재미있게 읽을 것이다.

분야 자체에 흥미가 없는데 어떻게 그런 책을 읽을까 싶기도 하겠지만 실제로 대부분의 사람들이 자신이 흥미가 없는 분야의 책을 읽으려고 노력한다. 그리고 거기에서 독서는 실패하고 만다. 누군가가 추천해줘서 또는 죽기 전에 꼭 읽어야 한다니까 아니면 권위 있는 기관에서 선정했다니까 등의 다양한 이유로 우리는 관심 없는 분야의 책을 읽게 된다. 아마 대부분의 사람들이 이런 이유들로 책을 골라 읽고 있을 것이다. 그렇기 때문에 많은 사람들에게 독서는 재미없는 것이 되었다.

둘째는 자신이 흥미 있는 분야를 잘 골랐으나 난이도 조절에 실패한 것이다. 같은 주제의 책이라도 그 책이 담고 있는 내용의 깊이는 천차만별이다. 정말 그 분야의 초보자도 모르는 개념부터 이야기하는 책이 있는가 하면, 그 분야의 전문가도 알기 어려울 만한 내용을 담은 책들도 있다. 예를 들어 커피에 대해서 아무것도 모르는 사람이 커피에 대한 책을 읽는다고 해보자. 책을 펼쳐보니 커피를 만드는 방법이 나오면서 점적식과 침출식이라는 용어가 나오기 시작한다. 과연 재미있게 읽을 수 있을까? '이거 뭐야' 하면서 책을 덮을 것이다.

반면에 다른 책을 펼쳐보았더니 아메리카노는 어떻게 만들어지는 커피고 카페라테는 어떻게 만들어지는 커피인지 그림으로 단순화시켜 쉽게 설명하고 있다고 해보자. 카페에서 메뉴판으로만 보던 아메리카노와 룽고의 차이를 알게 되고 카페라테와 카푸치노의 차이를 알게 되면서 흥미와 호기심이 더욱 생길 것이다. 당연히 그 사람은 그 책을 굉장히 재미있게 읽을 것이다. 내일 카페에서 이 메뉴를 시켜봐야지 상상하면서 말이다.

하지만 이번에는 커피 전문가가 이 커피 책을 읽는다고 생각해보자. 내가 재미있게 읽은 책을 커피 전문가도 재미있게 읽을 수 있을까? 아메리카노가 무엇인지, 카페라테가 무엇인지 설명하고 있는 커피 책을 커피 전문가가 재미있다고 할까? 아마 내게는 재미있었던 그 책이 커피 전문가에게는 너무 뻔한 이야기를 쓴 지루한 책일 것이다.

재미있는 독서를 위해 반드시 알아야 하는 두 가지

이처럼 우리의 독서가 재미없는 것은 책 자체에 있지 않다. 책을 읽는 사람이 누구냐에 따라 책은 얼마든지 달라질 수 있다. 우리의 독서가 여전히 재미없는 이유는 나에게 책을 맞추는 것이 아니라 책에다 나를 맞추는 데서 비롯되는 경우가 많다. 나의 상황이나 수준을 고려하지 않고 무차별적으로 추천된 책을 읽으니 내게 맞지 않는 것이다. 그래서 재미있는 독서를 위해서는 나에 대해 두 가지를 알아야 한다. 내가 관심 있는 분야와 그 분야에 대한 나의 수준이다.

그런데 사람들은 대개 자신이 어떤 분야에 관심이 있는지 잘 모른다. 그렇다면 어떻게 해야 할까? 이런 경우에는 또 다른 두 가지 방법이 있다. 먼저 자신이 가장 많이 생각하고 있는 것을 알아채는 것이다. 일을 하면서, 이동을 하면서, 밥을 먹으면서 내 머릿속에서 가장 많이 생각하고 있는 것이 무엇인지를 살펴보자. 그것이 자신이 현재 가장 많이 관심을 쏟고 있는 분야다. 누구나 한 번쯤 누군가를 좋아해보았을 것이다. 어떤가? 하루 종일 생각이 나지 않던가? 관심이 있으니 생각나는 것이고, 마음의 크기가 크면 클수록 생각나는 시간이 길어질 것이다.

이렇듯 만약 커피에 관심이 생기면 오늘 점심에는 무슨 커피를 마실지, 저녁에는 무슨 커피를 마실지 하루 종일 생각날 것이다. 같은 이치다. 내 생각들을 인식해보자. 그래도 모르겠다면 내가 현재 해결해야 하는 문제를 떠올려보자. 연봉이 낮아서 또는 직장 상사와의 관계 아니면 새롭게 시작한 사업이나 건강에 대한 고민일 수도 있다. 그럼 그 문제의 분야에 해당하는 책을 읽으면 된다. 책을 읽으면서 문제에 대한 해결책을 찾을 수 있을 것이다. 고민이 해결되었으니 독서를 하고 나서 얼마나 성취감이 크겠는가? 끙끙 앓던 문제가 해결됐을 때의 기쁨은 발가벗고 욕조 밖으로 뛰쳐나갈 정도로 크다.

가장 좋은 책은 나에게 재미있는 책

나는 하루에도 몇 번씩 책을 추천해달라는 부탁을 받지만 잘 하지 않는다. 특히 그 사람이 현재 처한 상황이나 가진 문제점을 모르면 더더욱 하지 않는다. 그 이유는 나한테 좋은 책이 다른 사람에게는 좋지 않을 수 있다는 것을 알고 있기 때문이다.

그래서 나는 독서를 하지 않는 당신에게 이렇게 말해주고 싶다. 당신이 독서를 하지 않게 된 것은 어쩌면 당신의 탓이 아닐 수 있다고, 처음에는 분명히 존재했던 당신의 독서 의지가 잘못된 독서 행위로 사라져버린 것일 수도 있다고.

그러니 이제 책을 읽기로 결심했다면 더 이상 베스트셀러나 추천도서에 혹하지 말고 나에게 가장 잘 맞는, 현재 나의 상황에 가장 잘 어울리는 책을 찾자고 말하고 싶다. 좋은 책이란 다름 아닌 나에게 가장 재미있는 책을 뜻한다.

2장

읽는 자가
살아남는다

왜 성공한 사람들은
책을 읽으라고 하는 걸까 01

어렸을 때 부모님과 선생님으로부터 책을 많이 봐야 한다는 말을 많이 들으며 성장했다. 그때의 책은 학교 공부와 관련된 책이었다. 교과서, 참고서, 문제집을 많이 보아야 좋은 성적을 받을 수 있고 그래야 명문 대학에 들어가서 성공한다고 생각했기 때문이다. 지금도 열심히 공부하고 있는 학생들에겐 책을 많이 본다는 것과 학교 공부를 열심히 하는 것은 같은 말로 들릴 것이다. 나 역시 그랬으니까.

성공한 사람이 강조하는 독서의 중요성

세계적으로 큰 성공을 거둔 사람들은 책 읽는 것의 중요성을 강조한다. 미국의 위대한 사상가이자 시인인 랠프 월도 에머슨은 "인간의 성공은 독서량에 정비례한다. 책을 많이 읽은 사람은 그만큼 위대하게 되는 것이다. 지금 우리 시대에 위대한 사람이 많이 나오지 않는 것은 위대한 사람이 될 만큼의 독서량이 없기 때문이다"라고 이야기했고 세계적인 투자자 워런 버핏은 "당신의 인생을 가장 짧은 시간에 가장 위대하게 바꿔줄 방법은 무엇인가요? 만약 당신이 독서보다 더 좋은 방법을 알고 있다면 그 방법을 따르기 바랍니다. 그러나 인류가 현재까지 발견한 방법 가운데서만 찾는다면 당신은 결코 독서보다 더 좋은 방법을 찾을 수 없을 겁니다"라고 말하면서 책읽기의 중요성을 강조했다.

책을 보면 성공할 수밖에 없는 다섯 가지 이유

학교 다닐 때는 이들이 말하는 독서를 '학교 공부'라고 생각했다. 그래야 좋은 대학에 가고 성공할 수 있을 테니까. 하지만 지금은 이들이 말하는 것이 교과서나 문제집을 보라는 뜻은 아니라는 것을 안다. 이들이 말하는 책은 우리가 도서관에서 볼 수 있는 보통의 책들이다. 인문, 사회과학, 경제, 경영 등 이런 책들을 많이 읽으면 인생에서 큰 성공을 거둘 수 있다는 뜻이다.

성공한 사람들은 왜 이렇게 책 읽는 것을 강조하는 것일까? 10년이 넘는 기간 동안 하루에 한 권 이상의 책을 읽어온 나의 경험에 비추어보면 책을 많이 읽으면 성공할 수밖에 없는 이유는 다음과 같다.

인류의 모든 지혜와 지식이 담겨 있다

책을 써본 사람은 안다. 책 한 권을 쓰기까지 얼마나 많은 노력이 들어가는지. 나 역시도 그냥 책을 읽을 때는 '별 내용도 없는 걸 가지고 책을 썼네?'라든가 '이런 내용도 책으로 나오네?'라는 생각을 가지기도 했다. 하지만 나도 책을 두 권이나 쓰면서 생각이 많이 바뀌었다.

기본적으로 책을 쓰려면 최소한의 분량이라는 것을 채워야 한다. 우리가 흔히 접하는 삼백 페이지 내외의 책이 나오려면 최소 A4 용지 기준 백 장 정도의 글을 써야 한다.

한 주제에 대해 A4 용지 백 장 분량의 글을 쓴다는 것은 결코 만만한 일이 아니다. 내가 살아온 수십 년의 인생을 가지고 글을 써도 그 분량을 채우기란 쉽지 않다. 거기다가 그 글들이 다른 사람들에게 의미나 가치를 줄 수 있어야 한다. 그래야 글을 넘어 책이 될 수 있다. 이처럼 책은 인류의 가치 있는 지식과 정보를 담고 있는 중요한 도구 중 하나다.

가장 빠르게 지식을 습득할 수 있는 수단이다

지식과 정보를 습득할 수 있는 수단이 그 어느 때보다 많아졌다. 그래서 꼭 책을 봐야 하냐고 묻는 사람들이 많다.

물론 SNS 플랫폼들이 많이 생겨나면서 꼭 책이 아니어도 우리에게 필요한 유용한 지식과 정보를 얻을 수 있는 경로가 많아진 것은 사실이다. 하지만 여전히 책이 가지고 있는 장점들이 많다. 그중 대표적인 것이 바로 책이 가지는 효율성이다.

책은 내가 필요한 지식과 정보를 찾기에 효율적으로 되어 있다. 목차를 보면 내가 필요한 부분이 어딘지를 한눈에 찾아 볼 수 있게 해준다. 삼백 페이지 분량의 책이라고 해도 그것을 꼭 다 살펴볼 필요가 없는 것이다.

이는 요즘 많은 사람들이 찾아보는 영상과는 확실히 구분되는 특성이기도 하다. 내가 필요한 정보를 찾는 것에 있어서 책은 가장 효율적인 수단이다.

끊임없이 변화하는 시대를 대응하기 위한 최고의 수단이다

우리가 살면서 변하지 않는 것이 있을까? 맛있는 음식도 시간이 지나면 썩기 시작하고, 새 잎도 돋아나면 어느새 떨어지기 시작한다. 우리가 살고 있는 이 세상도 끊임없이 변화한다. 있었던 것이 사라지고 없었던 물건이 새롭게 탄생한다. 불과 15년 전만 해도 지금 우리에게 없어서는 안 되는 스마트폰이라는 것이 존재하지도 않았다면 믿어지는가?

이처럼 시대는 변화한다. 그리고 그 변화의 속도는 점점 빨라지고 있다. 변화의 속도가 빨라질수록 세상에 생존하기 위한 지식과 정보는 끊임없이 바뀐다. 책은 이러한 변화에 대응할 수 있는 최고의 수단이다. 책을 읽으면 시대가 어떻게 변할지, 그 변화된 시대에 무엇을 해야 하는지 알 수 있다.

책은 평생 배울 수 있는 학교다

통계청에 따르면 1970년대의 우리나라 성인 평균 기대수명(0세 출생자가 앞으로 생존할 것으로 기대되는 평균 생존 연수)은 61.93년이었다. 이후 통계청이 2020년 12월 1일 발표한 '2019년 생명표'에 따르면 남성은 80.3세, 여성은 86.3세였다. 약 20년이 넘게 늘어났다. 2020년 기준, 1970년생 남성은 60년이 채 되지 않은 58.67년으로 예측되었는데, 이는 2019년생 남성과 비교하면 무려 27년 이상이나 짧은 수치다.

앞으로도 인간의 수명은 점점 늘어날 것이다. 그런데 이렇게 늘어난 수명은 과연 축복일까? 기대수명이 60년이 채 되지 않았던 시절에 태어난 사람들은 20년 정도의 학습 기간을 거쳐 30~40년을 일하고 10년 정도를 더 살아가는 삶을 살았다. 은퇴 이후의 시간이 길지 않기에 남은 시간을 살아가는 데 큰 어려움이 없었다. 모아놓은 돈으로 10년 정도의 여생을 살아가는 데는 부족함이 없었기 때문이다.

그런데 수명이 길어지면서 문제가 생기기 시작했다. 20년간 배우고 30~40년 동안 직장에 다니고 10년 정도를 살아갈 것으로 생각한 인생 계획이 30년가량 더 살게 되면서 완전히 뒤틀려 버린 것이다. 이제 학교 교육으로만 교육을 끝내기에는 수명이 너무 길어졌다. 학교를 졸업한 후에도 제2의, 제3의 교육이 필요하다. 이런 교육을 받는 데 책은 우리가 가장 쉽게 선택할 수 있는 선택지 중 하나다.

책을 읽는 행동에서 성공의 습관이 만들어진다

책을 읽는다는 것은 자신의 삶이 더 나아지기 위해 끊임없이 노력한다는 것을 의미한다. 자신에게 필요한 지식과 정보를 계속 배우는 열린 자세와 더 나은 삶을 위해 꾸준히 노력하는 태도 이 두 가지가 몸에 배어 있지 않으면 지속하기가 어렵다.

달리 이야기하면 책을 꾸준히 읽는다는 것은 이미 이런 태도와 마인드가 만들어졌다는 것을 의미하기도 한다. 이처럼 새로운 것을 받아들이고 더 나은 삶을 만들기 위해 부단히 노력한다면 그 사람은 다른 사람보다 성공할 가능성이 더 높을 수밖에 없다.

많은 사람들이 묻는다. 책을 많이 읽으면 돈도 많이 벌고 성공하지 않느냐고. 꼭 그렇지는 않다. 하지만 한 가지 분명한 것은 성공한 사람들 중에서는 책을 읽지 않는 사람은 없었다는 사실이다. 그것은 운명 같은 책 한 권을 읽어서 삶이 바뀌었다기보다는 책을 읽는 이유와 읽으면서 만들어지는 삶의 태도가 나를 성공으로 이끌고 가기 때문이다.

많이 읽는데도 삶이 변하지 않는 이유 02

세상 모든 일이 그렇듯 많은 사람이 무슨 일을 시작할 때는 의욕이 가득하다. 하지만 시간이 지나면서 그 의욕은 점점 떨어지게 되고 결국에는 흐지부지되고 만다. 독서도 마찬가지다. 처음에는 한 달에 한 권, 조금 더 나아가면 일주일에 한 권, 심지어는 하루에 한 권을 읽겠다는 큰 목표를 세우지만 작심삼일에 그치고 만다. 세상 모든 일이 그러하기에 독서도 예외는 아니다.

백 권씩 읽던 사람이 독서를 안 하게 되는 이유

그런데 조금 다른 이유로 독서를 하다가 그만두는 사람들이 있다. 책을 정말 열심히 열 권, 스무 권, 서른 권 아니면 백 권을 읽어나가던 사람이 갑자기 어느 순간부터 더 이상 책을 읽지 않겠다고 하는 것이다. 심지어 그렇게 책을 읽어놓고도 읽는 것이 하나도 소용없다면서 독서 무용론을 주장하기도 한다.

왜 그런 것일까? 책을 읽었는데도 내 삶에 아무런 변화가 없었기 때문이다. 많은 사람들이 책을 읽으면서 꿈을 꾼다. 부자가 되고 싶다든지, 마음의 평안을 얻고 싶다든지, 삶의 스트레스를 줄여보고 싶다든지, 살을 빼고 싶다든지, 건강해지고 싶다든지, 원하는 것을 다 할 수 있는 자유를 얻고 싶다든지 등등. 내가 책을 읽으면, 정말 열심히 읽으면, 언젠가는 저런 목표들을 달성할 수 있을 것이라는 상상을 하며 책을 읽는다. 그리고 실제로 책에는 그런 것들을 이룬 사람들의 성공 스토리가 담겨 있다.

많이 읽는 사람만 느낄 수 있는 독서의 배신

그런데 문제는 내가 그렇게 열심히 책을 읽었는데도 내 삶에 변화가 없다는 것이다. 부동산에 대한 책을 백 권 읽었는데도 내 집은 여전히 없고 다이어트에 대한 책을 백 권 읽었는데도 내 몸무게는 줄기는커녕 오히려 늘어난 것이다. 심지어 상상만 하면 무엇이든지 다 현실이 된다고 해서 책을 읽고 열심히 상상했는데, 정작 내 삶은 생각대로 되지 않는다.

남들보다 더 잘 살고 싶어서 열심히 책을 읽었는데 삶이 변하지 않으니 실망감이 클 수밖에 없다. 그리고 그 실망감이 독서 무용론까지 이어지는 것이다. 특히 독서를 열심히 한 사람일수록 이런 무용론을 더 강하게 주장한다. 책을 열심히 읽었기에 그만큼 느끼는 배신감도 큰 것이다.

독서를 통한 삶의 변화는 바로 보이지 않는다

그렇다면 정말 책을 읽어도 삶은 변하지 않는 걸까? 이에 대해 나는 눈에 보이지 않아도 삶은 변화하고 있다는 사실을 말해주고 싶다.

책을 읽는다는 것은 마치 콩나물시루 속에 있는 콩과 같기 때문이다. 콩나물시루 속에 콩을 담고 매일 물을 주면, 물이 빠져나가기 때문에 언뜻 보면 물을 주기 전과 후가 똑같아 보인다. 하지만 콩은 날마다 물을 먹고 조금씩, 조금씩 성장해간다. 그리고 일정 시간이 지나면 어느새 콩에서 싹이 나오고 콩은 콩나물로 성장한다. 책 읽는 것 역시 마찬가지다.

책 한 권을 읽고 나면 내용이 기억나지 않을 수 있다. 또 별다른 느낌도 받지 못할 수 있다. 하지만 그런 책들 한 권, 한 권이 모여 열 권, 스무 권이 되면 그 이전과 이후는 다를 수밖에 없다. 물론 그 변화는 눈에 보일 수도 있고 보이지 않을 수도 있다.

이때 변화가 눈에 보인다면 나를 비롯한 내 주변 사람들 모두 내 삶의 변화를 느낄 수 있게 될 것이다. '저 친구, 부동산 책 백 권 읽더니 강남에 아파트를 샀대', '너, 왜 이렇게 살이 많이 빠졌어? 어떻게 뺀 거야?' 등과 같은 반응을 통해서 말이다. 이런 경우에는 책을 통해 내 삶의 변화가 일어났으니 책의 무용론을 주장하는 일이 없을 것이다.

하지만 문제는 눈에 보이지 않을 때다. 외형적으로 변화가 일어나지 않으면 주변 사람들은 알 수가 없다. 뿐만 아니라 자기 자신도 의문을 가지게 된다. '책을 읽긴 읽었는데 딱히 남들보다 더 잘 사는 것도 아닌 것 같고, 뭐 나아진 것도 없는 것 같고…….' 이때 바로 책을 읽어도 소용없다는 식의 독서 무용론을 주장하게 되는 것이다.

삶이 변하는 사람 vs 변하지 않는 사람

똑같이 책을 읽었는데 누군가는 삶이 변하고 또 누군가는 삶이 변하지 않는 경우를 우리는 어떻게 받아들여야 할까? 운이 좋은 사람은 삶이 변하고, 운이 나쁜 사람은 변하지 않는 복불복 게임인 걸까? 이 둘 사이에는 작지만 큰 차이가 하나 있다. 바로 '행동'이다.

앞서 책을 읽는 것만으로도 우리의 삶은 성장한다고 이야기했다. 몰랐던 것을 알게 되는 것, 얼마나 큰 지적 성장인가. '지구가 태양을 중심으로 돌고 있다'는 새로운 지식은 인류의 우주관을 완전히 바꿔놓았다. 하지만 '생각'만으로 삶이 바뀌는 경우는 거의 없다. 삶을 바꾸는 것은 생각 그 자체가 아니라 바뀐 생각으로부터 달라진 '행동'이기 때문이다. 우리가 책을 읽고 '1+1=?'

이 '3'이 아니라 '2'라는 것을 알게 되었다고 해보자. 그러면 이제부터 '1+1=?'라는 문제에 '2'라고 적어야 한다.

그런데 여전히 '3'이라고 적고 있다면 어떨까? '2'인 줄 알고는 있지만 시험지 답안에는 '3'이라고 적는다면 여전히 시험문제는 틀리게 될 것이다. 책을 읽고 몰랐던 것을 알게 되었지만 삶이 변화하지 않는 것은 '1+1=?'이라는 문제에 계속해서 '3'을 적고 있는 것과 같다.

지적 성장이 주는 만족감에 취하는 사람들

그게 말이 되냐고? 현실이 그렇다. 많은 사람들이 책을 읽고 자신의 행동을 바꾸지 않는다. 거기에는 의지 부족의 문제도 있겠지만 책 자체에서 오는 만족감에 안주하는 문제도 있다. 책을 읽으면 그 자체만으로도 지적 성장이 일어난다.

그 성장에서 오는 지적 쾌락은 나를 만족시키고 만족감은 나를 안주하게 만든다. 바로 여기에 우리가 책 백 권을 읽어도 삶이 변하지 않는 이유가 있다. 새롭게 알게 된 지식이 내 생각을 바꾸고, 바뀐 생각이 행동의 변화로 이어져 삶을 이전과는 다르게 바꾸어야 우리의 삶은 변화한다.

하지만 지식을 새롭게 알게 되었다는 만족감에 안주하면서 대다수의 사람들은 행동하지 않는다. 나는 이를 '독서의 함정'이라고 부른다. 독서를 열심히 하는데 읽기 전과 후가 같은 것. 열심히 독서를 하는 사람일수록 빠지기 쉬운 이 '독서의 함정'은 '독서 무용론'으로 이어져 앞으로의 독서를 완전히 중단시키게 된다. 그래서 우리는 독서의 목적을 지적인 성장에 두기보다는 실질적인 변화에 초점을 두어야 한다.

'적의 행군을 막으려면 술과 고기를 베풀어라'라는 말이 있다. 독서를 통해 삶이 변하지 않는 이유는 내가 독서를 한 후 행동하지 않았기 때문이다. 책을 읽었다는 것에 만족하지 마라. 눈에 보이는 변화는 내가 행동을 했을 때 비로소 드러나는 법이다.

그러니 책을 열심히 읽고 있는데 내 삶의 변화가 없는 것 같다고 답답해하지 말자. 그 답답함은 우리가 이제 읽은 것들을 실천해야 한다는 신호다. 변화는 바로 거기서부터 시작된다.

책 한 권을 읽어도 그 내용을 실천한다면 내 삶은 변화한다. 반대로 실천하지 않으면 책 백 권이 아니라 천 권을 읽어도 삶은 제자리에 머물러 있을 것이다. 그러니 읽은 만큼 행동해보자. 달라진 삶이 펼쳐지기 시작할 것이다.

03 삶의 목적에서 발견한 독서의 이유

많은 사람이 책을 읽지 않다 보니 읽는 사람이 조금 특별한 세상이 되었다. 그러다 보니 책 읽는 것을 좋아한다고 하면 독서에 대한 이런저런 질문들을 많이 받는다.

특히 처음에 빠지지 않고 물어보는 것이 한 가지 있는데 바로 '언제부터 그렇게 책을 많이 읽었어요?'라는 질문이다. 아마 주변에서 책을 좀 읽는다고 평가받는 사람이라면 이런 질문을 한 번쯤 받아보았을 것이다.

그때마다 나는 떠올려본다. 내가 언제부터 그렇게 책을 많이 읽었는지. 초등학교를 다닐 때였나, 중학교를 다닐 때였나. 어렸을 때부터인가, 성인이 되었을 때부터인가. 하지만 딱히 이때부터라고 이야기할 만한 시기는 떠오르지 않는다.

그냥 자연스럽게 책을 읽어왔고 지금도 시간이 날 때마다 책을 읽고 있을 뿐이다. 사람들은 어떤 특별한 계기나 어떤 동기가 있어서 갑작스럽게 책을 많이 읽게 되었을까 하는 마음에서 물어보지만 그 답변은 크게 특별하지가 않다.

그럼에도 불구하고 굳이 책을 본격적으로 읽기 시작한 때를 꼽으라면 2007년이다. 2007년은 내가 대학 입시에서 해방되어 자유로워진 시기이기도 하지만, 독서에 분명한 목적을 가지고 악착같이 책을 읽던 때이기도 하다. 이 시기에 나는 학교 열람실에서 책을 대략 열 권씩 쌓아놓고 전투적으로 책을 읽었다. 대체 무엇 때문에 나는 그렇게 책을 열심히 읽었을까?

조금 더 나은 삶을 살고 싶은 욕망

나는 독서를 하는 이유가 삶을 더 나아지게 하려는 데 있다고 생각한다. 삶을 더 나아지게 한다는 것이 재미있는 소설을 읽어서 즐거움을 느끼는 것이든, 투자에 대한 책을 읽고 돈을 버는 것이든, 미래 사회를 예측해 미리 준비할 수 있게 도와주는 것이든, 무엇이든 어떤 형태든 상관없다.

책을 읽어서 내 삶이 지루해진다면 더 나아가 괴로워진다면 굳이 시간과 돈을 써가면서 책을 읽어야 할 이유가 없다고 생각한다. 맛없는 음식을 억지로 돈 주고 사먹을 필요가 없는 것처럼 내가 어떤 가치나 효용을 느끼지 못하는데 책을 억지로 읽을 이유는 없다. 그렇다면 삶을 더 나아지게, 더 좋게 만든다는 것은 무엇을 의미할까?

누군가에게는 지금 받는 월급이 두 배 높아지는 것일 수도 있고 다른 누군가에게는 한적한 시골에서 사랑하는 사람과 사는 것일 수도 있다. 어떤 사람은 다이어트에 성공해 원하는 몸매를 가지고 살아야 내 삶이 좀 더 나아졌다고 생각할지도 모른다.

어찌 됐든 그 답변이 무엇이든지 간에 자신의 행복을 늘리는 것이라는 점에서는 모두 똑같은 답변일 것이다. 그렇다. 우리는 모두 행복한 삶을 원한다. 내 삶이 더 행복했으면 좋겠고 내가 사랑하는 사람들이 모두 행복하기를 바란다. 나는 독서의 이유가 바로 행복을 늘리는 데 있다고 생각한다.

무엇을 위해서 그렇게 열심히 사세요?

초등학교 때부터 고등학교를 졸업할 때까지 12년 동안이나 이어진 대학 입시라는 트랙 위에서 열심히 달린 나는 단 한 번도 삶에 대해 질문을 해본 적이 없었다.

안대로 눈을 가린 경주마처럼 달려야 한다니까 달렸고 빨리 달리면 더 좋다고 하니까 그저 더 빨리 달릴 뿐이었다. 왜 달려야 하는지 어디로 달려가는지 물을 시간도 없었고, 물을 생각도 하지 못했다. 그저 빨리 달리면 모두가 훌륭한 말이 될 거라고 하니까 빨리 달렸다. 그뿐이었다. 그러다가 어느 날 갑자기 눈앞의 안대가 벗겨지게 되었다.

12년간 달렸던 트랙에서 벗어나게 된 것이다. 넓은 벌판, 높은 산, 파란 하늘이 눈앞에 펼쳐졌다. 이제 어디로 달려야 된다고 말하는 사람들도 없었다. 어디로 가야 할지 모르는 나는 생각을 하게 되었다. '어디로 달려야 하지?', '왜 달려야 하지?', '무엇을 해야 할까?' 원하는 대학에 입학을 하고 나서 내 머릿속을 맴돌던 고민들이었다.

'원하는 대학에 입학했는데 이제 나는 무엇을 해야 하지?', '나는 왜 그걸 해야 하지?', '나는 누구지?'라는 고민은 '죽으면 다 사라지고 마는 허무한 삶을 왜 살아야 하는가?'라는 근원적인 물음으로 이어졌다. 이 물음에 대한 답을 찾고 싶었다.

사실 이 질문을 뒤로하고 예전처럼 다시 달리고 싶었지만 '대체 왜 이렇게 열심히 살아야 하지?'라는 생각이 들어 예전처럼 달릴 수가 없었다. 결국 이 물음에 대한 답을 찾지 않고서는 다시 달릴 수도, 행복하게 살 수도 없었다.

그렇게 나의 독서가 시작되었다. 사실 처음에는 나와 비슷한 친구들이나 선배들에게 질문에 대한 답을 찾으려 했다. 하지만 대부분의 사람들이 그 고민을 하지 않거나 외면하고 있었다. 삶을 20년, 30년 더 많이 살아온 선배들에게 물어도 뾰족한 답이 나오지 않았다. 자신의 위치에서 열심히 살아갈 뿐, 내가 하는 질문에 대해 명쾌한 답을 주는 사람은 없었다.

'삶', '인생', '행복' 등의 단어가 들어간 책들을 하나 둘 모조리 읽기 시작했던 것도 이때부터였다. 삶을 어떻게 살아야 하는지,

행복한 삶은 어떤 삶인지, 무엇을 위해 살아야 삶에 후회가 없을지 그리고 왜 살아야 하는지에 대한 답을 찾고 싶었다.

그렇게 5년을 읽었을까? 천만 다행히도 나와 똑같은 고민을 한 사람이 있었고 그 사람의 책을 읽으면서 나는 그 질문에 대한 답을 찾을 수 있었다. 답을 찾은 이후로 내 삶은 이전보다 더 행복해졌다.

삶의 문제들을 해결할 수 있는 무기

이런 일련의 과정을 거치면서 나는 독서를 하는 이유에 대해 깨달았다. 그 이유는 우리가 살면서 부딪히는 수없이 많은 문제들을 책을 통해 해결할 수 있기 때문이다. 이미 나와 같은 고민을 하고 있던 누군가가 책에 자신의 답을 적어놓았기에 그 책을 읽으면 나의 문제를 보다 쉽게 해결할 수 있게 되는 것이다.

그 문제는 '나는 누구인가' 하는 자신의 정체성에 대한 문제일 수도 있고, 당장 내일 먹을 끼니를 걱정해야 하는 경제적인 문제일 수도 있다. 아니면 관계에 대한 고민, '내일 옷을 어떻게 입어야 할까'와 같은 문제일 수도 있다. 이 문제들을 해결할 수 있는 방법들이 책에 있기 때문에 우리는 독서를 해야 하는 것이다.

만약 그 문제들을 해결하지 않아도 우리가 충분히 행복할 수 있다면 굳이 책을 읽을 필요는 없다고 생각한다. 이미 행복한데 무엇이 더 필요할까? 우리는 태어난 이상 행복하게 사는 것을 본능적으로 원하게 되어 있다. 본능을 거슬러가면서, 내 행복을 억지로 버려가면서 책을 읽고 있다면 왜 책을 읽는 것인지 스스로 되물어보아야 한다고 생각한다. 나는 책을 읽는 현재의 불행이 미래의 행복을 가져다줄 것이라고는 생각하지 않는다.

행복을 떠나 책을 읽어야 하는 이유

나는 행복해서 책을 읽는다. 책을 많이 읽어서 부자가 되고, 출세를 하고, 뭔가 아는척하기 위해서가 아니라 책을 읽는다는 그 행위 자체가 즐겁고 행복하다. 그리고 책 한 권을 읽을 때마다 몰랐던 걸 알게 되는 그 기쁨과 만족감이 내 삶을 더욱 풍요롭고 행복하게 만들어준다.

따라서 행복하지 않다면 책을 읽어보자. 내가 가진 문제를 책을 통해 해결할 수 있을 것이다. 그 문제를 해결해가면서 느끼는 성취감과 만족감 그 자체로도 무엇과도 바꿀 수 없는 행복으로 느낄 수 있을 것이다.

읽기가 습관이
되기까지 04

20대에 삶에 대한 고민을 해결하고자 적극적인 책읽기를 시작한 나에게 이제 책읽기는 습관을 넘어 삶의 일부가 되었다. 책을 읽지 않는 삶이란 상상하기 어려울 정도니 말이다. '책을 읽지 않으면 입안에 가시가 돋는다'고 했던 안중근 선생님의 말씀이 너무나 공감이 된다.

하지만 여전히 많은 사람들은 책 읽는 것을 어려워한다. 책을 읽고 싶은 마음은 가득하지만 뜻대로 되지 않는 것이다. 내 주변에도 이런 사람들이 많다. 이런 고민을 가진 사람들과 이야기를 나누다 보면 다음과 같은 나와는 다른 근본적인 세 가지 차이점을 발견하게 된다.

책 읽는 것을 어려워하는 세 가지 이유

호기심의 부재

기본적으로 사람은 새로운 것에 대한 욕망이 있어야 움직인다. 욕망이 없다면 새로운 것을 하기보다는 기존에 해왔던 안전한 행동들만 하며 살아갈 것이다. 인류가 지구의 내부, 심해라든가 땅속을 탐사하기보다는 달이나 우주 같은 지구 밖으로 나가는 것도 다 지구 안보다는 지구 밖 우주를 알고 싶다는 욕망이 더 크기 때문이다. 이 알고 싶다는 욕망을 우리는 호기심이라고 부른다.

호기심은 독서를 시작하는 데 있어서 가장 중요한 요소다. 기본적으로 호기심이 없으면 새로운 것에 도전하지 않기 때문이다. 그래서 독서를 시작하기 위해서는 자신의 호기심을 먼저 살펴보아야 한다. 이렇게 이야기하면 '내가 뭐에 관심 있지?', '뭘 궁금해하지?' 하면서 어렵게 생각할 수도 있는데, 호기심은 그렇게 거창하게 찾지 않아도 된다. 그저 나의 시선이 머무는 곳을 인식하고 관찰하면 된다.

예를 들면 내가 평소에 보는 콘텐츠는 무엇인지, 주로 인터넷에서 검색하는 것은 무엇인지, 자주 보는 영상은 어떤 것인지 등이 모두 나의 호기심을 알 수 있는 중요한 힌트다.

내가 평소에 시간을 많이 쏟고 있는 것들을 관찰해보면서 나의 호기심을 찾아야 한다. 거기서부터 책을 읽겠다는 근본적인 욕구가 샘솟기 시작한다.

책 선정의 기준

자신의 호기심을 잘 찾아서 그 분야의 책을 읽을 때 중요한 것이 바로 책 선정이다. 책을 선정하게 되는 과정을 살펴보면, 대부분 자신이 좋아하는 인플루언서가 강력 추천하거나 다른 사람들이 쓴 리뷰를 보고 선택하는 경우가 많다. 그런데 문제는 이 책들의 리뷰들이 광고 콘텐츠인 경우가 많다는 데 있다.

물론 광고 콘텐츠니까 '그 책들은 모두 나쁜 책이야'라고 말하는 것은 아니다. 책을 살펴보지도 않고 그냥 좋겠거니 생각하고 구매를 했는데 그 책이 자신과 잘 맞지 않는 경우가 있기 때문에 문제가 생긴다. 특히 평소에 책을 읽지 않는다면 더 까다롭게 골라야 한다. 그런데 책을 잘 읽지 않다 보니 어떻게 책을 골라야 하는지도 모르고 광고성 콘텐츠를 보고 구매를 결정하게 된다.

이때 너무 어렵다거나, 내가 생각했던 내용의 책이 아니면 읽는 것이 굉장히 어려워지고 그나마 조금 있던 호기심마저 사라져버린다. 그러면 읽어야 한다는 의무감만 남아 독서를 더 멀리하게 된다. 그렇다면 나에게 맞는 책은 어떻게 찾을 수 있을까?

그 방법은 다른 사람이 아닌 나에게 기준을 두는 것이다. 일단 오프라인 서점이나 온라인 서점에 가서 호기심이 생기는 분야의 책을 쭉 살펴본다. 표지와 제목을 보고 읽어보고 싶다거나 내용이 궁금한 책들을 먼저 고르는 것이다. 정말 가벼운 마음으로 한번 쓱 보고 눈길이 가는 책을 고르면 된다. 그렇게 골라낸 책을 펼쳐서 가장 먼저 목차를 살펴본다. 목차를 읽다 보면 이 책이 무슨 주제를 다뤘는지, 무슨 이야기를 하고 있는지 감이 잡힐 것이다. 목차에 적혀 있는 내용들이 내가 찾던 내용들이라면 그 목차 중에서 가장 재미있을 것 같은 또는 가장 궁금한 부분을 찾아 그 내용이 적힌 페이지를 펼친다. 그리고 그 부분의 내용을 읽어보자. 짧게는 두 장, 많게는 대여섯 장 정도 될 것이다.

읽은 내용이 너무 재미있고, 더 읽어보고 싶다는 느낌이 들면 그 책은 내게 맞는 책이다. 그 책을 구입해서 읽으면 된다.

만약 책 내용이 내가 생각했던 것이 아니거나 수준이 내게 맞지 않으면 그 책은 내게 맞는 책이 아니다. 이런 방식으로 책을 고른다면 내게 맞는 분야의 책을 쉽게 찾을 수 있을 것이다.

여기서 중요한 포인트는 가장 재미있을 것으로 예상되는 부분을 읽었는데 재미가 없었다면 그 책은 끝까지 읽더라도 재미가 없을 가능성이 높다는 사실이다. 그러니 그 책에는 미련을 갖지 말고 재미있는 책을 찾아보자.

독서 시간에 관한 인식

평소에 책을 읽지 않는 사람들을 보면 책 읽을 시간을 확보해놓지 않는다. 대부분 자신의 다른 일정들을 먼저 정해놓고 '시간이 남으면 책을 좀 읽을까?' 하면서 빈칸에 책 읽는 시간을 끼워놓는다. 책 읽는 것이 완전히 습관화가 된 사람이라면 일정 사이에 빈 시간을 활용해 책을 읽는 것이 가능하다. 하지만 책 읽는 것이 습관화되지 않은 사람들은 우선 정확하게 독서 시간을 확보하고 그 시간에 읽어야 한다. 아침에 일어나서 30분도 좋고, 잠자기 전 1시간도 좋다.

처음 책을 읽을 때는 시간의 절대적인 양보다는 아무도 방해할 수 없는 시간을 확보하는 것이 중요하다. 다른 사람이 그 시간대에 만나자고 하거나 다른 일이 생길 가능성이 없는 시간을 정하는 것이 좋다. 그래서 그 시간에 스스로 '나는 책을 읽고 있어'라는 인식을 해야 한다. 그래야 책 읽는 습관이 형성되기 때문이다.

책 읽는 습관을 만드는 노하우

호기심, 책 선정에 대한 기준, 독서 시간 이 세 가지를 갖추면 이제 본격적인 독서를 시작할 준비는 끝난 것이다. 그렇다면 지속적으로 꾸준하게 독서를 하기 위해서는 어떻게 해야 할까? 꾸준하게 책을 읽고 싶다면 다음 세 가지를 명심하도록 하자.

지나치게 큰 목표를 세우지 말자

너무 큰 목표보다는 정말 꾸준히 할 수 있는 아주 작은 목표를 세울 것을 권한다. 하루 한 페이지 읽기, 하루 한 줄 읽기, 심지어 하루 한 글자 읽기도 좋다. 하루에 한 글자를 읽는 게 무슨 도움이 되냐고 말할 수도 있다.

하지만 독서를 처음 시작하는 데 있어 책에서 배우는 내용만큼이나 중요한 것은 독서를 지속적으로 하는 습관을 만드는 것이다. 따라서 하루에 한 글자를 읽는다는 것은 어찌 됐든 책을 펼쳤다는 이야기이고 책을 읽으려고 마음을 먹고 노력을 했다는 것이다. 바로 거기에 의미가 있는 것이다.

최대한 작은 목표를 세워야 한다. 괜히 처음부터 하루에 삼십 페이지씩을 읽겠다는 목표를 세운다거나 하루에 두 시간씩 독서를 하겠다는 목표를 세우면 부담감이 너무 커서 '내일부터 하자'라는 결심만 하게 될 가능성이 크다. 내일은 영원히 오지 않는 시간이다.

얇고 작고 쉬운 책을 고르자

처음부터 너무 두껍고 뭔가 있어 보이는 책을 읽기 시작하면 끝까지 읽기가 힘들뿐더러 한 권, 한 권 읽은 책이 쌓여가는 데서 오는 성취감을 느끼기도 어렵다. 최대한 얇고 쉬운 책으로 골라서 일단은 그 분야의 기초 지식을 쌓으면서 독서를 하는 습관을 만들자.

독서를 하는 습관이 완전히 내 몸에 자리 잡으면 삼백 페이지든, 오백 페이지든 읽지 못할 책이 없다. 그러니 시작은 힘을 빼고 가볍게 하자. 여기서 가볍게 시작한다는 것의 기준은 지금 당장 바로 할 수 있는가다. 뭔가 준비가 필요하고 어떠한 상황이 와야지만 할 수 있다면 그 시작은 무겁다.

내 블로그에 업로드되어 있는 천 권 이상의 책 리뷰도 시작은 한 권이었다. 그 한 권이 있었기에 천 권도 있을 수 있었다. 모든 세상 일이 그러하듯 작은 행동 하나하나가 쌓여 결국엔 큰 결과물을 만든다. 독서도 그렇다. 일단은 얇은 책부터 한 권씩 읽는 것이다. 천 권의 책도 한 권의 책읽기로부터 시작된다.

양에 집착하지 말자

독서를 시작하는 사람들이 가장 크게 실수하는 것 중 하나가 목표를 잘못 세우는 것이다. 한 달에 책을 한 권 읽겠다든지 일주일에 책을 한 권 읽겠다는 식으로 '양'을 기준으로 목표를 세운다. 하지만 이렇게 세우는 목표는 절대로 안 된다.

왜냐하면 책마다 두께가 다르고 책에 담긴 내용의 수준이 다르기 때문이다. 예를 들어 내가 잘 아는 분야의 책은 쉽게 술술 읽힐 것이다. 우리가 '1+1=?'라는 문제를 처음 풀 때는 한참 걸렸지만 지금은 1초도 안 돼 푸는 것과 같은 이치다.

반면에 같은 두께라 할지라도 내가 잘 모르는 분야의 책은 한 페이지를 넘기는 것이 쉽지 않다. 따라서 양을 기준으로 독서의 목표를 세우는 것은 정말 잘못된 것이다. 차라리 시간을 기준으로 목표를 세워라. 하루에 10분씩 책 읽기 등 10분 동안 한 페이지만 읽는다 해도 책을 지속적으로 읽어나가는 데는 훨씬 더 큰 도움이 될 것이다. 책읽기를 습관으로 만드는 것은 다른 어떤 것보다 어렵지 않다.

그래도 책읽기가 너무 어렵다면 만화책을 읽어도 좋다. 만화책도 좋은 내용을 담고 있는 책들이 많다.

그렇게 책을 손에 쥐는 것부터 습관을 만들어 가보자. 책을 가까이 하는 것이 쉽다는 것을 금방 알게 될 것이다.

매일 책 한 권을 읽으면 일어나는 일들 05

매일 책을 한 권씩 읽으면 무슨 일이 일어날까? 독서를 결심한 사람이나 책을 많이 읽고 싶다는 생각을 해본 사람이라면 한 번쯤 상상해보는 질문일 것이다. 누군가는 책을 많이 읽으면 돈을 많이 벌 수 있을 것이라 생각하기도 하고 또 누군가는 말을 굉장히 잘하게 될 것이라고 생각한다. 어쩌면 세상에 모르는 것이 없게 될 것이라고 생각할지도 모른다.

1일 1책을 읽으면 겪게 되는 삶의 변화

책을 매일 한 권씩 읽으면 일어나는 변화에 대해서 이야기해보자. 나는 실제로 매일 한 권의 책을 읽어왔고 지금도 하루 한 권의 책을 읽고자 노력하고 있다. 그래서 매일 한 권씩 읽으면 일어나는 변화에 대해서 그 누구보다도 잘 이야기해줄 수 있다. 본격적인 이야기에 앞서 나의 독서 이력을 소개하면, 일단 대학교에 다니는 동안 책을 이천 권 정도 읽었다.

대학 졸업 후에도 독서를 이어나갔으며, 네이버 블로그에 쓴 책 리뷰만 해도 천 개가 넘는다. 그래서 추측이 아니라 경험을 바탕으로 매일 한 권의 책을 읽으면 어떤 변화가 일어나는지 단계별로 이야기해보겠다. 경험상 매일 책을 한 권 이상씩 1년 넘게 읽으면 다섯 단계에 걸쳐 삶이 변화한다.

1단계 : 성취감

하루 한 권의 책을 읽고 있다는 사실 자체에서 오는 성취감을 느끼게 된다. 매일 한 권씩 읽기로 결심을 하고 그것을 실천해나가면 가장 먼저 마주하는 감정은 성취감이다.

대부분의 계획이 작심삼일에 그치지만 그러지 않았다는 사실만으로도 뿌듯함을 준다. 어떤 책을 읽었는지는 크게 상관없다. 하루에 한 권씩 책을 읽어나가고 있다는 사실 그 자체가 중요하다. 이 시기에는 가급적 쉽고 얇은 책을 선택해서라도 한 권을 읽겠다는 자신과의 약속을 지키고자 노력한다.

2단계 : 지적 희열감

한 권씩 일주일에서 이 주 정도 읽다 보면 일부 책들에서 지적 희열감을 느낄 수 있게 된다. '이제부터라도 내 삶을 잘 살아봐야지'라는 동기부여부터 '아~ 이게 그런 얘기구나'라는 몰랐던 사실을 알게 되면서 느끼는 즐거움. 이때 느껴지는 감정은 막연한 지적 희열감이라기보다는 후회의 감정과 안도감이 함께 든다.

여기서 후회는 '내가 조금 더 일찍 이런 책들을 읽었으면 좋았을 텐데'라는 것이고, 안도감은 '지금이라도 이렇게 책을 읽게 됐으니 다행이다'라는 감정이다. 이 시기에는 책을 통해 성장하는 미래의 모습에 대한 기대감과 현재 열심히 노력하며 살고 있다는 충만감이 가득하기 때문에 행복하다.

3단계 : 회의감

그런데 책을 한 백 권 정도 읽다 보면 독서에 대한 의욕도, 책을 읽을 때마다 느끼는 지적 희열도 슬슬 회의감으로 바뀌기 시작한다. 내용들이 다 비슷하게 느껴지고 더 이상 즐거움도 느껴지지 않게 된다. 이 시기에는 책을 열심히 읽고 있는데 그에 따른 보상은 없는 것 같아 마음이 조급해지고 독서가 힘들어지는 시기다. 이때 회의감을 극복하지 못하고 독서를 중단하면 독서 무용론자가 될 수도 있지만 회의감에도 불구하고 묵묵히 책을 읽어나간다면 보이지 않는 성장을 해나갈 수 있다.

4단계 : 세계관

그렇게 책을 계속 읽다 보면 알게 모르게 자신의 생각이 서서히 정립되어가는 것을 느낄 수 있다.

과거에는 이 책을 읽으면 이 책의 내용이 옳고, 저 책을 읽으면 저 책의 내용이 옳다고 생각하는 정도였다면 이제는 자신만의 생각이 정립되어 책을 비판적으로 읽을 수 있게 된다. '이 책의 내용이 틀린 것은 아니지만 이런 부분은 얘기하지 않았네?', '이 부분들은 내 생각과 비슷하네' 등 저자의 생각과 나의 생각을 비교하면서 책을 읽는다.

책의 내용이 좋고 나쁘고를 떠나서 그동안 읽었던 책들을 통해 나만의 세계관이 만들어지고 그 세계관을 통해 책을 들여다봄으로써 나만의 신념이 구축되어간다.

5단계 : 신념

신념이 바뀌어야 행동도 변할 수 있다. 신념은 견고해서 쉽게 변하지 않지만 그동안 수없이 많은 책들을 읽으면서 알게 모르게 변화되어왔을 것이다. 그렇게 자신의 세계관과 신념이 어느 정도 단단해지면 행동이 변하기 시작한다. 특히 자신의 생각과 책에 나온 내용이 일치한다는 생각이 들 때 확신을 가지고 이전과는 다른 행동을 하게 된다.

바로 이때부터 다른 삶이 펼쳐진다. 독서를 통해 생각이 바뀌었기에 과거와 같은 상황일지라도 판단이 달라지고 달라진 판단에 따라 다른 행동을 하게 된다. 단, 이 단계까지 오려면 책을 통해 내 세계관이 수도 없이 흔들리고 부서지면서 자신만의 확고한 철학이 형성되어 있어야 한다.

단단한 세계관이 형성되지 않았다면 갈팡질팡하면서 또다시 나의 선택에 주저하거나 머뭇거릴 것이고 다른 사람들의 말에 내 판단이 흔들리게 될 것이다.

읽으면 생각이 바뀌고, 생각이 바뀌면 삶이 변한다

매일 책 한 권을 읽으면 삶은 이런 다섯 단계를 거쳐 변화하게 된다. 어떤가? '책을 많이 읽으면 부자가 될 수 있지 않을까?', '책을 많이 읽으면 남들이 존경할 만한 인사이트가 생기지 않을까?', '책을 많이 읽으면 남들은 생각도 하지 못할 독창적인 아이디어들이 샘솟지 않을까?' 등의 생각을 하고 있었다면 조금 실망했을지도 모르겠다. 하지만 실망하지 않길 바란다. 그 생각은 반은 맞고 반은 틀리기 때문이다.

결국은 내가 어떤 책을 읽느냐에 따라 그리고 그 읽은 것들을 얼마나 삶에 적용했는지에 따라 충분히 부자가 될 수도 있고, 엄청난 인사이트를 가지게 될 수도 있으며, 독창적인 아이디어를 얻게 될 수도 있다. 다만 내가 여기서 말하고 싶었던 것은 현상적인 결과보다는 본질적인 변화다. 그러니 책을 많이 읽었을 때 생각했던 결과가 아니라고 실망하지 말자. 내 생각이 바뀌면 내 삶이 변화한다.

지속 가능한 독서에서 가장 중요한 것

끝으로 매일 한 권의 책을 읽어나가는 데 가장 중요한 것이 무엇인지에 대해 누군가 묻는다면 나는 '호기심'이라고 말하겠다.

매일 무언가를 꾸준히 해나간다는 측면에서 '성실성'도 중요하지만 무엇보다도 새로운 것에 대한 호기심이 없으면 책 자체를 읽을 동기부여가 되지 않기 때문이다. 동기부여가 되지 않으면 아무리 시간이 많고 성실하더라도 읽을 만한 책이 없어지고 책에 대한 관심이 줄어들면서 독서를 소홀히 하게 된다.

그러니 1일 1책에 도전한다면 자신의 호기심을 소중히 하자. 그 호기심이 매일 책 한 권을 읽게 하는 원동력이 되어줄 것이다.

많이 읽는 사람만이 경험하는 다독가의 딜레마 | 06

책을 읽는 게 어려운 사람들처럼 많이 읽는 사람들 또한 어려움을 느낄 때가 있다. 즉 다독가라면 한 번쯤 독서에 대해 큰 회의감에 빠지게 되는 시기가 온다. 어느 정도 이상의 책을 읽는 사람만 그 감정을 느낄 수 있는데, 그 회의감은 바로 '내가 책을 뭐 하러 읽지?'다.

책을 많이 읽기 때문에 빠질 수밖에 없는 이 회의감을 나는 '다독가의 딜레마'라고 부르는데, 실제로 책을 많이 읽지 않는 사람은 잘 알 수 없는 감정이다.

다독가의 딜레마는 대체 왜 빠지게 되는 것이고 어떻게 극복해야 할까? 다독가의 딜레마는 보통 이렇게 시작된다. 책을 읽는 사람들은 대개 자신의 삶을 개선시키고자 하는 욕구가 강한 사람들이다. 지금보다 더 나은 삶을 만들기 위해 부단히 노력하는 것이다. 그래서 남들이 먹고, 자고, 놀고 있을 때 그들은 시간을 따로 내서 책을 읽는다. 그렇게 없는 시간을 쪼개가며 남들과는 다른 삶을 살기 위해 열심히 책을 읽는데 그 결과에서 차이가 없다면 어떨까? 바로 여기에서 딜레마가 시작된다.

다독가의 딜레마에 빠지게 되는 이유

매일 책을 읽는 자신과 책을 읽지 않는 사람 간에 결과적인 차이가 느껴지지 않는 것이다. 책을 읽는데 연봉을 더 높게 받는 것도 아니고, 소득이 더 높은 것도 아니고, 인간관계가 더 잘 풀리는 것도 아니고, 업무 능력이 딱히 더 뛰어나다고 생각되지 않는 것이다. 그러면 자연스럽게 '내가 뭐 하러 이토록 책을 열심히 읽는 걸까?'라는 생각이 들 수밖에 없다.

굳이 똑같다면 그 시간에 누워서 잠이라도 자는 게 더 좋지 않겠는가. 이런 다독가의 딜레마에 빠지는 이유는 크게 세 가지에서 비롯된다.

독서에 대한 높은 기대치

성공한 사람들이 독서의 중요성을 워낙 강조하다 보니 어느 순간 사람들은 책을 읽으면 성공한다고 생각하기 시작했다.

책을 많이 읽으려는 욕구도 사실 여기서 기인한 측면이 크다. 성공하고 싶어서 책을 읽으려는 것이다. 그러다 보니 생각지 못한 부작용이 생기기 시작했다. 책을 열심히 읽었는데 성공하지 못하는 것이다. 분명히 책을 많이 읽어야 성공할 수 있다고 해서 많이 읽었는데 현실은 변하지 않으니 당연히 회의감이 들 수밖에 없다.

실천력의 부족

'지행합일'이라는 말이 있다. 아는 것과 행동하는 것은 하나라는 뜻으로 실천의 중요성을 강조하는 말이다. 독서도 마찬가지다. 책을 읽는다는 것은 지식과 정보를 습득하는 것이다. 꼭 필요한 일이지만, 그것만으로 삶의 변화가 생기는 것은 아니다.

결국 삶의 변화는 실천이 시작이다. 실제로 많은 사람이 부자가 되고 싶어서 주식이나 부동산 투자 관련 책들을 읽는다. 그런데 서점에 있는 부동산 책을 모두 읽는다고 해서 과연 부자가 될 수 있을까? 절대 그렇지 않다. 부동산 투자로 돈을 벌려면 직접 투자를 해야 한다. 책만 읽어서는 되지 않는다.

눈앞에 당장 보이지 않는 결과물

책을 읽는다는 것이 어떤 식으로든 시각적으로 확인이 가능하다면, 아마 회의감은 훨씬 덜할 것이다. 하지만 내가 지금 부동산 책 한 권 읽는다고 해서 내 부동산 능력이 올라갔다는 것을 확인할 길이 없다. 하다못해 토익 책을 보면 토익 점수에 변화라도 생겨 동기부여가 되는데, 일반적인 책들은 아무리 읽어도 잘

티가 나지 않는다. 그리고 그 변화도 정말 천천히 어느 순간 나타나기 때문에 내가 잘하고 있는 건지, 뭔가 변화가 일어나긴 하는 건지 답답한 마음이 들 수밖에 없다.

한 단계 더 성장하는 방법

그렇다면 이런 다독가의 딜레마를 벗어나기 위해서 우리가 할 수 있는 것은 무엇이 있을까? 나의 경우 크게 세 가지 방법을 통해서 다독가의 딜레마에서 벗어날 수 있었다.

낮은 기대치

먼저 기대치를 낮추는 것이다. 책을 읽으면 삶이 변하는 것은 맞다. 책을 통해 생각이 바뀌고, 행동이 변할 테니까. 하지만 그 변화의 폭을 너무 크게 갖지 않는 것이다.

나의 경우 책을 읽을 때 '이 책이 뭔가 나의 삶을 완전히 변화시켜줄 거야'라는 기대감을 갖지 않는다. 그냥 이 책에 내 마음을 움직일 수 있는 한 문장만 있어도 좋겠다는 마음으로 읽는다.

그 문장이 정말 유용한 정보이거나 나를 움직이게 하는 동기부여가 될 수도 있다. 어떤 것이 되든 대략 삼백 페이지에 달하는 책에서 그런 문장 딱 하나만 건지자는 정도로만 기대치를 갖는 것이다.

회의감은 지나친 기대치에서 비롯되기 때문에 독서에 대한 기대치 자체를 낮추면 생기지 않는다. '에이~ 그래도 그렇지 딱 한 문장은 너무 기대치를 낮춘 거 아닌가?' 물을 수도 있다. 나는 그렇게 생각하지 않는다. 그 한 문장이 내 마음을 움직이고 내 행동을 바꿔서 내 삶 전체가 완전히 달라질 수 있기 때문이다. 그런 한 문장을 만나는 것도 사실 결코 쉽지 않은 일이다.

책에서 읽은 것을 실천하기

결국 실천을 해야 무언가 변화가 생긴다. 머릿속으로 생각만 해서는 아무 일도 일어나지 않는 법이다. 아주 작은 것이라도 좋다. 예를 들어 메모하는 습관에 대한 책을 읽으면 메모를 실제로 해보는 것이다. 하루 동안 있었던 일을 메모해도 좋고, 돈 쓴 내역을 메모해도 좋다. 그렇게 책에서 본 내용을 실천해보는 것이다. 책에 나온 것들이 모두 내게 맞지는 않겠지만, 그런 시도 자체가 책을 읽는 새로운 즐거움을 선물해 줄 것이다.

눈에 보이는 결과물 만들기

마지막으로 눈에 보이는 결과물을 만드는 것이 좋다. 어떤 일을 지속하기 위해서는 피드백이 굉장히 중요하기 때문이다. 좋은 피드백이든 나쁜 피드백이든 하나의 자극이 되어 지속적으로 그 일을 할 수 있는 동기부여를 갖게 해준다.

예를 들어 내가 말을 하는데 친구는 아무런 대답이 없다고 해보자. 계속 말을 걸 수 있을까? 아마 몇 번 말하다 포기할 것이다. 누군가를 짝사랑하던 때를 떠올려본다면 금방 이해가 될 것이다. 나는 상대방이 좋다고 고백도 하고 편지도 쓰고 선물도 주지만 상대방이 아무런 반응이 없으면 금방 지쳐서 포기하게 된다. 독서도 마찬가지다. 독서가 정말 재미있고 유익한 것이라는 사실을 알더라도 반응이 없으면 지속하기가 쉽지 않다.

따라서 책을 읽을 때마다 뭔가를 만들어보는 것도 좋은 방법이다. 내가 운영하는 SNS에 읽은 책의 사진이라도 올려보는 것이다. 그러면 그것들이 하나하나 쌓이게 되고 나중에는 굉장히 뿌듯한 감정이 들 것이다.

당신의 독서법은 문제가 없다

결국 다독가의 딜레마는 책을 읽고 나서 눈에 보이는 변화가 생기지 않는 것에서 비롯된다. 이 딜레마는 '어떻게 하면 책을 좀 더 효과적으로 읽을 수 있을까'라는 고민에서 비롯되는데 이때 많은 사람들이 독서법에 대해 진지하게 고민하기 시작한다. 책을 읽어도 변화가 없으니 독서법이 잘못된 건 아닌가 하는 생각을 갖게 되는 것이다. 하지만 독서법 고민은 하지 말자. 다독가의 딜레마는 독서법의 문제가 아니기 때문이다.

책을 읽어도 아무런 효과가 없다고 느껴지는 회의. 그렇게 재미있던 책이 지루하게 느껴지는 권태. 책에서 더 이상 배울 수 있는 것이 없다는 자만. 이런 감정이 들기 시작했다면 나는 당신에게 박수를 쳐주고 싶다. 아무나 경험할 수 없는 감정이며 그만큼 책을 열심히 읽었다는 증거니까.

이 시기는 책을 통해 성장하는 사람들에게 매우 중요한 기로이기도 하다. 여기서 멈추느냐, 돌파하느냐에 따라 완전히 다른 결과가 나오기 때문이다. 이 시기에 이런 회의감에 사로잡혀 '더 이상 볼 책이 없네'하고 독서를 중단한다면 당신의 성장도 거기서 멈추게 될 것이다. 그러나 거기서 멈추지 않고 독서를 계속해 나간다면 당신은 책을 읽지 않는 사람들과 확연히 구분되는 무언가를 가지게 될 것이다.

당신은 충분히 잘하고 있다

더 이상 새로울 것이 없어 읽을 책이 없다고 판단되면 이제 인문고전이라고 불리는 책들이 하나 둘 눈에 들어오기 시작할 것이다. 수천 년을 견뎌온 문장들을 읽다 보면 가늠조차 되지 않는 내용의 깊이가 느껴지기 시작하면서 수많은 자기계발서가 결국 인문고전의 각주에 불과하다는 것을 깨닫게 된다. 그리고 그 문장들을 내 것으로 흡수하면서 나만의 시선으로 세상을 바라보기 시작한다.

사람들이 인사이트라고 부르는 것은 어쩌면 이런 자기만의 시선이 쌓인 결과물일지도 모르겠다. 이런 측면에서 다독가의 딜레마는 좋은 일이다. 애벌레가 나비로 환골탈태하듯이, 이 시련을 이겨내면 남들이 보지 못하는 것을 보고 남들과는 다른 생각을 할 수 있는 존재로 거듭날 수 있기 때문이다. 그리고 분명히 결정적 순간에 그 인사이트는 빛을 발하게 될 것이다.

그러니 책을 많이 읽었음에도 남보다 나아지는 게 없다고 괴로워하지 마라. 수영장에 가득 차 있는 물이 빠져야 비로소 누가 수영복을 입고 있는지 드러나는 법이다. 한 권, 한 권 읽은 책은 결코 당신을 배신하지 않는다.

우리가 독서법을 고민하는 이유 07

책을 읽는 사람들이 가장 많이 하는 고민 중 하나가 바로 독서법이다. 이왕 읽는 거 좀 더 제대로 읽고 싶은 것이 다 똑같은 사람 마음인 것 같다. 이미 출간된 수없이 많은 독서법 책을 들여다보면 사람들이 독서법 책에서 무엇을 얻고 싶은지를 알 수 있다. 나 역시도 책을 읽으면서 고민했던 부분이라 그들의 마음이 너무나 공감된다.

사람들은 대체 독서를 하면서 무엇을 고민하는 것일까? 무엇 때문에 독서법 책을 찾는 것일까?

사람들이 독서법 책을 찾는 이유는 기본적으로 책을 읽고 그 효과를 극대화시키고 싶은 마음에서 비롯된다. 우리에겐 하루라는 한정된 시간이 있다 보니 기왕이면 최소의 독서로 최대한의 효과를 누리고 싶은 것이다.

세 가지 독서법

책 내용을 잊어버리지 않는 방법을 설명하는 유형

책을 읽어본 사람이라면 누구나 공감하겠지만 대개의 책들은 재미있게 읽든 아니든 덮고 나면 그 내용이 잘 생각나지 않는 경우가 많다. 그건 내가 건망증이 있어서도 아니고 제대로 읽지 않아서도 아니다. 인간이 지닌 망각 때문에 그렇다.

독일의 심리학자인 헤르만 에빙하우스의 망각곡선을 살펴보면 인간의 기억이 얼마나 빨리 잊히는지 알 수 있는데 20분이 지나면 58.2%만 기억하게 되고, 하루가 지나면 33.7%만 기억에 남는다.

그러니 책을 읽고 그 내용을 잊어버리는 것은 내가 머리가 나

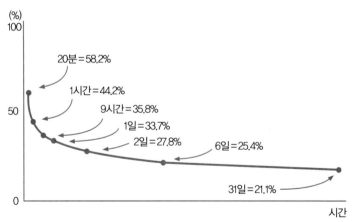

헤르만 에빙하우스의 망각곡선(Forgetting curve)

빠서도 아니고 책을 잘못 읽어서도 아닌 지극히 자연스러운 현상이다. 그런데 내가 열심히 책을 읽었는데 대부분의 내용이 금방 잊그런데 내가 열심히 책을 읽었는데 대부분의 내용이 금방 잊힌다니 너무 허탈하지 않은가. 그래서 책 내용을 조금이라도 더 많이 기억할 수 있는 방법들을 독서법 책에서 이야기하는 것이다. 책을 읽으면서 밑줄을 어떻게 치라든가 내용을 정리하는 법 등을 주로 이야기한다.

많이 읽는 방법에 대해 이야기하는 유형

책을 읽다 보면 읽고 싶은 책이 점점 늘어나면서 욕심이 생겨난다. 읽고 싶은 책은 넘쳐나는데 독서를 할 시간은 부족하니 자연스럽게 같은 시간 내에 더 많은 책을 읽을 수 있는 방법들을 고민하는 것이다. 이런 맥락에서 과거에 속독법이 유행한 적이 있었다. 나도 책 욕심이 막 들 때 관심을 가졌었는데, 속독법이란 말 그대로 책을 빨리 읽는 방법을 의미한다.

평소 1시간에 이십 페이지 정도를 읽는다면, 속독법을 익히면 읽는 속도가 더 빨라져 1시간에 오십 페이지 또는 그 이상의 분량을 읽을 수 있게 된다는 것이다.

같은 시간에 더 많은 책을 읽을 수 있으니 얼마나 좋겠는가. 그래서 속독법을 통해 많은 책을 읽은 사람들이 경험을 바탕으로 이야기하는 것이다.

독서를 삶에 적용하는 방법에 대해 이야기하는 유형

앞서도 잠깐 이야기하긴 했지만 책을 읽다 보면 책만 읽고 있지 내 삶에 변화가 일어나지 않는 것 같은 느낌이 들 때가 있다. 그러면 무작정 책을 읽는 것보다 책에 나온 내용을 내 삶에 적용하는 것이 중요하다는 생각이 들게 되는데 그 방법에 대해 이야기하는 것이다. 책을 한 권만 읽더라도 그것으로 어떻게 내 삶을 변화시켜나갈 것인지, 어떻게 책의 내용을 삶에 적용시켜야 되는지 그런 내용들이 주를 이룬다.

최고의 독서법은 없다

결국 이 세 가지 유형들을 공통적으로 관통하는 것은 최소의 노력으로 최대의 효과를 이루고자 하는 사람의 욕심이다.

책을 한 번 읽고도 내용을 잊어버리고 싶지 않은 것도, 짧은 시간에 많은 책을 보고 싶은 것도, 책 한 권을 읽더라도 삶을 변화시키고 싶은 것 모두 인풋 대비 아웃풋을 극대화하고 싶은 마음에서 비롯된다. 그래서 사람들은 나만 모르는 특별한 방법이 있지는 않을까 하는 마음에 독서법 책을 읽는다.

하지만 나는 독서법에 대해서 너무 많은 신경을 쓰지 않았으면 한다. 각자에게 맞는 옷이 모두 다르고 각자의 입맛에 맞는 음식들이 모두 다르듯이, 독서법 역시도 모두 다르기 때문이다.

마치 책은 이렇게 읽어야 한다는 정답이 있는 것처럼 지나치게 집착하지 않았으면 좋겠다. 내용을 잊어버리는 것은 인간에게 지극히 당연한 현상이고, 내가 잘 모르는 분야의 책을 읽으면 시간이 오래 걸리는 것은 너무나 당연한 일이다. 책을 읽고 내 삶에 적용하는 문제도 결국 실천의 문제이지 방법의 문제가 아니다. 그러니 내가 책을 읽고 당장 기대하는 효과가 나오지 않는다고 조급해하지 말자.

책을 덮자마자 내용이 하나도 기억나지 않아도 괜찮다. 한 시간 동안 끙끙대며 한 페이지만 읽어도 괜찮다. 책을 읽어도 내 삶이 변하지 않는 것처럼 느껴져도 괜찮다. 지금 당장 원하는 결과가 보이지 않을지는 몰라도 결코 헛되지는 않을 테니까.

그것보다 중요한 것은 내가 지금 손에 책을 집어 들고 책을 읽고 있다는 사실이다. 그 사실들이 하루하루 쌓여가다 보면 나도 모르는 새에 나에게 꼭 맞는 책을 읽고 내용을 잘 잊어버리지 않는 법, 책을 조금 더 빠르게 보는 법, 책의 내용을 내 삶에 적용시키는 법이 체득되어 있을 것이다.

결국 우리가 독서법을 공부하는 이유는 독서라는 과정을 통해 얻는 결과를 빨리, 크게 만들고 싶은 마음에서 비롯된다. 그 마음보다는 어떻게 하면 꾸준히 지속적으로 독서를 해나갈 수 있을까를 고민하는 것이 낫다. 어차피 남의 독서법을 본다고 해서 그게 나에게 맞지 않는다. 최고의 독서법은 내가 독서를 가장 잘 즐길 수 있는 방법이다.

2부

새로운 시대의
독서법
NEXT READING

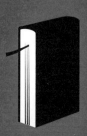

1장

편협하게
이것저것 막 읽자

좋아하는 것만 읽자 01

넥스트 리딩을 이야기하기에 앞서 우리는 한 가지 사실을 인정해야 한다. 그것은 바로 '우리는 책을 읽지 않는다'라는 사실이다. 정부에서 발표한 통계를 보더라도 대한민국 성인 남녀의 절반은 1년에 책 한 권을 읽지 않으며, 연평균 독서량은 열 권 미만이다. 나는 이토록 책을 읽지 않는 현실에서부터 독서법에 대한 이야기를 시작해볼까 한다. 책을 읽지 않는 사람이 독서를 어떻게 시작해야 하는지에 대해서 말이다.

좋아하는 것만 읽어도 괜찮다

나는 독서를 시작하는 방법으로 일단 좋아하는 것만 읽으라고 이야기하고 싶다. 자신이 좋아하는 것이라면 무엇이든 상관

없다. 그게 만화책이어도 좋고, 자기계발서나 소설이어도 좋다. '이런 책을 읽어야 하는데……' 라는 생각은 버리자.

세상에 나쁜 개는 없듯이 세상에 나쁜 책 역시 없다. 내 수준과 내 상황에 맞는 책이냐 아니냐만 있을 뿐이다. 내가 고른 책에 바람직한 내용이 많이 담겨 있으면 내 것으로 만들면 되는 것이고, 내용이 바람직하지 않다면 반면교사(부정적인 면에서 얻는 깨달음)로 삼으면 된다. 결국 독서라는 것은 그것을 읽는 독자가 가장 중요하다.

하지만 우리는 책이라는 것을 거의 읽지 않다 보니 어떤 책을 읽어야 할지 고민한다. 남들이 좋다고 한 책들이 나에게도 좋은지는 알 수 없다. 모두에게 좋은 책이란 없다. 나에게 좋은 책만 있을 뿐이다. 따라서 책 선정을 타인에게 맡기지 말자. 내가 먹고 싶은 음식을 먹을 때 만족도가 가장 크듯이, 내가 읽고 싶은 책을 읽을 때 그 독서는 성공한다. 내가 좋아하는 것만 읽기에도 너무나 읽을 것이 많은 세상이다.

누군가는 이렇게 이야기하면 '정말 만화책을 봐도 되는 거냐?'고 묻고 싶을 것이다. 우리가 어렸을 때부터 부모님이나 선생님으로부터 만화책 읽지 말라는 이야기를 많이 들어서일 것이다. 그때는 만화책이라는 것이 대학 입시에 별 도움이 안 된다고 생각하니 그런 말씀을 하셨을 것이다.

만화책도 좋은 독서가 된다

그런데 실제로 만화책을 보면 좋은 내용과 메시지를 담고 있는 경우가 굉장히 많다. 예를 들어 너무나도 유명한 만화인 《슬램덩크》는 주인공의 성장 과정을 통해 '포기하지 말라'는 메시지를 얻을 수 있다. 도덕책에 쓰여 있는 '포기하지 마세요' 라는 부분을 백 번 읽는 것보다 《슬램덩크》를 한 번 읽으면 왜 포기하지 말아야 하는지 마음으로 느껴진다.

직장인의 애환을 담은 《미생》이라는 만화도 마찬가지다. 이 만화는 작품성을 인정받아 드라마로까지 제작되었고 '당시 가장 인기 있던 프로그램이었던 〈무한도전〉을 누르고 콘텐츠 파워지수 1위를 차지하기도 했다. 만화를 더 이상 읽어서 도움이 안 되는 것으로만 생각하고 있다면 그 생각 자체를 버려야 한다.

만화책도 책이다. 아직도 봐서는 안 되는, 도움이 안 되는 것으로 생각되는가? 만화도 내용에 따라 그 어떤 책보다 더 가치 있는 내용을 담고 있을 수 있다.

만화책으로부터 시작된 '정의란 무엇인가'

나는 실제로 해적이 주인공으로 나오는 《원피스》라는 만화책을 읽고 '정의'란 무엇인지에 대해서 깊은 고민을 한 적이 있다.

그 만화를 보면 해적과 해군이 대규모 전투를 벌이는 장면이 나온다. 거기서 한창 서로를 죽이는 전쟁터에서 한 해적이 이런 말을 한다.

"해적이 악, 해군이 정의? 그런 것 따윈 얼마든지 뒤엎어져왔다. 평화를 모르는 아이들과 전쟁을 모르는 아이들의 가치관은 다르다. 정점에 서는 자가 선악을 뒤집는다. 정의가 이긴다고? 그거야 그렇겠지. 승자만이 정의다!"

이 대사를 보면 어떤 생각이 드는가? 실제로 역사적인 논쟁이 끝나지 않은 현대사에도 이와 비슷한 사례들이 있지 않은가? 가까운 현대사를 보더라도 5.16 군사정변에 대해 쿠데타냐 혁명이냐를 두고 서로 평가가 엇갈린다.

성공하면 혁명이고 실패하면 쿠데타인가? '유전무죄 무전유죄'라는 말도 있듯이 정말 힘 있고 강한 자가 곧 정의일까? 약육강식의 자연법칙이나 치열한 경쟁이 이뤄지는 자본주의 사회에서 정의란 결국 강자의 이익을 대변하기 위한 수단일 뿐이라는 생각을 반박하기란 쉽지 않다. 하지만 정말 그럴까?

시작하지 않으면 아무 일도 일어나지 않는다

《원피스》라는 만화를 보고 시작된 나의 고민은 철학책으로까지 이어졌다. 실제로 나와 비슷한 고민을 했던 철학자가 있었다. 고대 그리스 철학자 플라톤의 《국가》에는 트라시마코스라는 인물이 등장해 '정의는 강자의 이익'이라고 주장한다. 정치권력을 쥔 통치자가 자신들에게 이득이 되도록 법을 만들고 그 법을 약자가 따르도록 하는 것이 이 세상에서 말하는 정의라는 것이다.

법을 어기는 것은 정의롭지 못한 일이니 힘 있는 사람들이 법을 자신들에게 이롭게 만들고 있다면 이 주장은 옳은 이야기가 된다. 근데 이때 소크라테스가 등장해 의사가 돈벌이를 하는 사람인지 환자를 돌보는 사람인지를 물으면서 본래 의사(강자)는 자신들의 이익이 아니라 환자(약자)의 이익을 살핀다고 이야기한다. 마찬가지로 의사들처럼 통치자들(강자)도 자신들의 이익이 아닌 약자의 이익을 살핀다는 것이 소크라테스의 반론이다.

당신이 생각하는 정의는 무엇인가? 내가 말하고자 하는 것은 누구의 정의관이 옳고 그른지가 아니라 만화를 통해 정의에 대해 생각하게 되었고, 플라톤의 《국가》라는 인문고전까지 읽어가게 된 과정이다. 정의란 무엇인가라는 거대 담론이 별 유익할 게 없다고 여겨지는 만화에서부터 시작된 것이다.

그래서 나는 독서를 시작하는 사람이라면 무엇이 됐든 자신이 좋아하는 것을 읽으라고 말한다. 다른 사람의 시선 따위는 신경 쓰지 말고 어떤 책이든 분야를 막론하고 자신이 좋아하는 것을 읽자. 《원피스》라는 만화책에서 플라톤의 《국가》, 미국의 철학자인 존 롤스의 《정의론》까지 이어진 나의 독서처럼 그 독서의 끝이 어디까지 이어질지는 아무도 알 수 없다. 중요한 것은 독서를 시작하는 것이다. 시작하지 않으면 아무 일도 일어나지 않는다.

02 | 꼭 처음부터 끝까지 읽지 말자

    자, 본격적으로 독서를 시작하기로 결심한 당신. 열심히 책을 읽기 위해 책을 한 권 샀다. 중요한 부분이 나오면 밑줄도 치고, 기록할 게 있으면 메모하기 위해서 포스트잇도 준비했다. 마지막으로 검정, 빨강, 파랑 삼색 볼펜을 챙긴 다음 첫 장을 넘긴다.

    책의 프롤로그 부분이 나온다. 한 자, 한 자 빠뜨리지 않고 읽으면서 한 장 ,한 장 넘긴다. 몇 장을 넘겼을까? 슬슬 내용이 지루해지기 시작한다. 관심 없는 부분이기도 하고 조금 어렵기도 하다. 어떻게 해야 할까? 읽기 시작한 책이니 끝까지 읽어야 할까? 아니면 '아~ 재미없어!'라고 하면서 다른 책을 봐야 할까?

도저히 읽히지 않는 책

여기에 대한 선택은 사람마다 다를 것이다. 일단 시작했으니 끝까지 읽는다는 사람도 있을 것이고, 재미가 없으니까 읽지 않겠다는 사람도 있을 것이다. 어느 쪽의 선택도 틀린 선택은 없지만 나는 읽지 않아도 된다고 이야기해주고 싶다. 그 이유는 다음과 같다.

애초부터 책 선택이 잘못된 것이기 때문이다

강한 독서 의지를 가지고 책을 펼쳤는데 얼마 읽지도 않아 책이 벌써부터 재미없고 어렵고 지루하다면 애초부터 책 선택이 잘못된 것이다.

내가 어떤 부분을 알고 싶어서 그 책을 샀는데 책의 수준이 나의 수준과 맞지 않는다든지 내가 알고 싶은 부분은 이 부분인데 책에서 다루고 있는 부분은 더 많은 것들을 다루고 있다든지 여러 이유들이 책이 읽히지 않는 원인이 된다.

따라서 애초부터 잘못된 책을 억지로 끝까지 읽는 것은 너무나 큰 고역일 뿐만 아니라 이해도 잘 되지 않을 가능성이 높다. 따라서 그 책은 잠시 접어두고 다른 책을 읽는 것이 훨씬 더 바람직하다고 생각된다. 내게 맞는 책을 잘 고른다면 술술 잘 읽힌다. 그러니 다른 책들을 다시 잘 골라보자.

책읽기의 목적은 책을 다 읽는 것이 아니기 때문이다

완벽주의 성향을 가진 사람일수록 책을 끝까지 읽어야 된다는 선택을 할 가능성이 높다. 읽기로 결심을 했는데 마지막 페이지까지 보지 않는다면 그건 책을 봤다고 할 수 없기 때문이다. 물론 맞는 말일 수 있다.

하지만 우리가 책을 읽는 이유를 생각해보아야 한다. 우리가 독서를 하기 위한 목적이 첫 장부터 끝 장까지 빠뜨리지 않는 데 있는 것인가? 한 글자도 빼놓지 않고 읽는 것 자체가 큰 의미가 있는 것인가? 책을 읽는 가장 큰 이유는 필요한 지식과 정보를 습득하기 위함이다. 그게 내가 궁금한 것이든, 나를 바쁘게 움직이게 할 동기부여든 무엇이든지 간에 뭔가 내가 필요한 것을 얻기 위해서 책을 본다. 그런데 그 필요한 것에 내가 이 책의 글자를 한 글자도 빼놓지 않고 읽는 것이 본질적인 목표인가? 아닐 것이다.

내게 필요한 지식을 한 글자도 빠뜨리지 않으려는 의지는 좋지만, 책의 목차를 살펴보면 나한테 필요한 정보가 책의 어느 부분에 있을지 어느 정도 짐작이 가능하다. 그러면 그 부분만 살펴봐도 독서의 목적은 충분히 달성된 것이다.

물론 시간이 충분하고 책이 너무 재미있다면 다른 부분까지 다 읽어서 나쁠 것이 없겠지만 잘 읽히지도 않는 책을 억지로 꾸역꾸역 다 보아야 한다는 생각에 읽을 필요는 없다.

책들의 내용이 서로 겹치기 때문이다

책도 하나의 상품인지라 트렌드라는 것이 있다. 사람들이 많이 관심을 가지고 있는 분야가 있으면 그 분야의 책들은 잘 팔리기 때문에 출판사에서 같은 주제의 책들을 많이 출간한다.

예를 들어 사람들이 부동산 투자에 관심이 많은 시기라면 부동산 투자 책들이, 주식 투자에 관심이 많으면 주식 투자 책들이 쏟아져 나온다. 이렇게 많은 책이 트렌드에 맞춰 출간되다 보면 책의 콘셉트와 저자들만 다를 뿐 그 내용은 비슷한 경우가 많다.

사실 뭐 새로운 내용이 있어봐야 얼마나 있겠는가. 비슷한 주제를 다룬 책들이라면 중요한 내용은 책마다 계속 반복되어나올 수밖에 없다.

따라서 내가 어떤 책에서 중요한 부분을 놓쳤다면 그 부분은 다른 책에서도 또다시 다루고 있을 가능성이 높다는 것이다. 그러니 재미도 없고 읽히지도 않는데 혹시라도 중요한 내용을 놓칠까 봐 처음부터 끝까지 읽을 필요는 없다.

누구든 끝까지 읽을 수 있는 책을 찾을 수 있다

세계에서 가장 많이 팔렸지만 끝까지 읽지 않은 책이 《성경》이라고 한다. 우리가 성경책을 처음부터 끝까지 읽어야 한다는 생각이 없듯이 다른 책들도 모두 마찬가지다.

나는 실제로 대학생 때 종교에 대한 호기심이 생겨 세계 3대

종교 경전인 기독교의 《성경》, 이슬람의 《쿠란》, 불교의 《금강경》을 읽어보았다. 물론 그 내용들은 당시에도 잘 이해하지 못했고 지금도 그저 읽으려고 했던 기억만 남아 있다.

내가 그렇게 종교의 경전들을 힘들게 한 번 본 것은 나에게 지금 어떤 의미가 있을까? 책을 처음부터 끝까지 모두 봐야 한다는 생각. 물론 좋다. 나 역시도 책을 한번 펼치면 처음부터 끝까지 빠뜨리지 않고 보려고 노력한다.

하지만 나의 경우 처음부터 책 선정을 나름 까다롭게 한다. 수없이 많은 책들을 읽으면서 내가 좋아하는 장르가 어떤 쪽인지도 알게 되었고, 이 책을 내가 재미있게 읽을 수 있을지 아닐지 판단할 수 있는 판단력도 자연스럽게 길러졌다. 그러다 보니 읽기로 한 책이 지나치게 읽히지 않는 경우는 드물다.

하지만 아직 자신이 어떤 책을 좋아하는지, 자신에게 맞는 책이 어떤 책인지 감이 없는 분들이 있을 것이다. 그렇다면 앞서 내가 말한 책을 선정하는 기준을 토대로 읽을까 말까 고민이 되는 책을 일단 집어 드는 것부터가 시작이다. 그 후 목차를 살펴보고 맘에 드는 부분을 읽어보는 것이다. 만약 그 부분을 읽어보았는데도 읽을지 말지 애매하다는 생각이 들면 그다음으로 관심이 가는 부분을 읽어보자. 그런데도 읽어봐야겠다는 생각이 들지 않으면 그땐 다른 책을 고르자. 분명히 나에게 재미도 있고 술술 읽히는 책을 찾을 수 있을 것이다.

혹시라도 내가 고른 책이 잘 읽히지 않는다면 과감하게 읽지 말자. 그 책이 좋은 책이라면 다시 읽게 될 것이다.

　책의 권수에 집착하기보다는 내가 책을 통해 얻고자 하는 목적에 집중하자. 우리가 독서를 하는 이유는 읽은 권수를 늘리는 것이 아니다.

03 좋아하는 분야의 책 백 권을 읽으면 일어나는 일들

　과거에 전문가가 될 수 있는 방법은 세 가지였다. 한 분야에서 20~30년을 일하며 전문성을 쌓는 방법과 대학원에 진학해 박사 학위를 취득하는 방법, 변호사, 회계사, 의사처럼 전문 자격증을 따는 방법 이 세 가지 중 하나의 길만이 전문가로서 인정받는 길이었다.

　하지만 지금은 아니다. 경력, 학위, 자격증 외에도 자신의 전문성을 다른 사람에게 알릴 수 있는 기회가 생기면서 다양한 방법들이 생겨났다. 예를 들어 내가 영업을 잘해서 탁월한 실적을 내면 영업 전문가가 될 수 있고, 인간관계가 뛰어나 많은 사람에게 좋은 평판을 받으면 인간관계 전문가가 될 수 있다.

　과거에는 '그게 전문성이 필요한 분야야?'라고 말하던 분야가지도 이제는 전문성을 가질 수 있게 되었다.

이 이야기는 곧 누구나 자신의 분야에서 전문가로 인정받을 수 있다는 의미다. 그렇다면 내가 전문가로서 인정받기 위해서는 어떻게 해야 할까? 일단은 내 분야를 정해야 한다. 여기서 내 분야는 내가 해오던 일이어도 좋고 아니면 해오지 않았던 일이어도 좋다.

지금까지 나와 관련성이 없던 새로운 분야에서 전문가가 되겠다고 결심해도 아무런 문제가 되지 않는다. 예를 들어 내가 전혀 모르는 분야에 대해서 새롭게 전문가가 되고자 한다고 해보자. 이제 분야를 정했으니 관련 분야의 지식을 쌓아야 한다.

전문가가 되는 가장 쉬운 방법

지식을 쌓는 가장 쉬운 방법은 그 분야의 책을 읽어나가는 것이다. 그 분야를 가장 쉽게 풀어 쓴 책을 선정해 꼭 알아야 하는 필수 지식들을 쌓아가도 좋고 앞서 언급한 대로 깊게 읽는 방법을 통해 한 권의 책을 완전한 나의 책으로 만들어도 좋다.

이렇게 한 분야의 책을 백 권 읽으면 그 누구보다도 그 분야에 대해 잘 아는 사람이 될 수 있다. 이는 수치로도 증명할 수 있다.

우리나라 성인의 절반은 1년에 한 권의 책도 읽지 않으며, 책을 읽는 성인의 연평균 독서량도 열 권이 되지 않는다. 백 권이라는 독서량을 다 읽으려면 10년 동안 읽어야 하는 셈이다.

책 한 권에 삼백 페이지라고 한다면 삼만 페이지가 되고 한 분야에 이 정도 분량이라면 웬만한 전문가 수준의 지식을 얻을 수 있게 된다.

부린이도 부동산 전문가로 만드는 힘

나 역시도 이 과정을 통해서 부동산 전문가가 될 수 있었다. 처음에 나는 부동산에 별 관심이 없던 평범한 20대 초반의 대학생이었다. 그런데 아버지께서 부동산 사기를 당하게 되고 그때 부동산 공부의 필요성을 느끼게 되었다.

부동산을 공부하려고 보니 부동산 전문가라는 사람을 찾기는 어려웠고 공인중개사만 있었다. 사실 공인중개사는 부동산 거래를 중개하는 사람이지 부동산 전문가는 아니다. 그래서 부동산 투자에 대한 공부를 어떻게 해야 할지에 대해서 고민이 많았다. 그때 내가 한 방법이 바로 부동산에 대한 책 백 권 읽기였다.

근처 도서관에 가서 부동산이라는 키워드를 검색해 관련된 책들을 모두 빌렸다. 처음에는 이해가 되지 않는 책들도 있었다. 그래서 얇고 쉬운 책 위주로 읽어나갔다.

한 권, 두 권 그렇게 책을 읽으면서 부동산에 대한 기초 지식이 쌓이게 되었고 점점 두껍고 어려운 책으로 손이 갔다. 읽은 책의 권수가 백 권에 가까워질수록 책에서 더 이상 새로운 내용을 발견하기가 어렵게 되었고, 책에 나온 내용이 정말 제대로 된 내용인지 검증하는 수준까지 올라가게 되었다.

그 정도 수준에 오르게 되자 투자를 할 만한 좋은 물건들이 눈에 들어오게 되었고 실제 투자를 해서 돈을 벌기도 했다. 또 책을 읽으면서 내용들을 정리하고 거기에 내 생각들을 덧붙였는데, 그것을 보고 책을 내자는 제안을 받아 부동산 투자 책을 저술한 작가가 되었다.

빌 게이츠, 일론 머스크를 만든 독서의 힘

결국 누구든지 간에 한 분야의 책을 백 권 이상 읽으면 전문가 수준에 이를 수 있다. 나의 경우에만 해당하는 특수한 경우가 아니라 누구나 할 수 있고 될 수 있다. 단지 하지 않을 뿐이다. 책을 통해 새로운 분야를 탐색하고 알아가는 것은 기본적이면서도 가장 효과가 뛰어난 방법이다. 그래서 성공한 많은 사람이 끊임없이 책을 통해 세상을 이해하려 노력한다.

실제 독서광으로 유명한 마이크로소프트의 창업자 빌 게이츠는 매년 오십 권 이상의 책을 읽고 있다. 바쁜 일정 중에 매년 오십 권 이상의 책을 읽는 것은 굉장히 많은 시간을 할애하고 있는 것이다. 빌 게이츠는 왜 그렇게 독서를 하려는 걸까?

이에 대해 빌 게이츠는 '세상을 이해하기 위해서'라고 답했다. 또 그가 〈뉴욕타임스〉와 한 인터뷰를 살펴보면 '독서야말로 내가 세상을 배우는 방법 가운데 가장 으뜸인 방법이다'라고 이야기한다. 빌 게이츠 역시 독서는 무언가를 배우는 데 최고의 방법이라고 생각하고 있는 것이다. 한 가지 재미있는 사실은 빌 게이츠가 과학적 사고에 대한 책을 한 권 언급했는데 그 책은 생물학자이자 교수인 리처드 도킨스가 청소년을 대상으로 쓴 《현실, 그 가슴 뛰는 마법》이라는 책이었다. 빌 게이츠도 자신의 전공 분야가 아닌 새로운 분야를 공부할 때는 아주 쉬운 책부터 읽는다는 것을 확인할 수 있다. 빌 게이츠와 마찬가지로 독서광으로 알려진 테슬라의 회장 일론 머스크의 이야기도 있다.

일론 머스크는 전기자동차 사업을 하고 있기도 하지만 '스페이스X'라는 기업을 만들어 우주항공에 대한 사업도 진행하고 있다. '인류를 화성으로 보내고 다행성종으로 진화시킨다'는 비전 아래 우주로 우주인을 보내고 로켓을 재활용하겠다는 프로젝트를 수행 중이다. 이런 우주항공 산업을 두고 누군가가 로켓을 제작하는 법을 어디서 배웠냐고 묻자 일론 머스크는 "책으로 배웠다"고 답했다. 우주로 쏘아 올리는 거대한 로켓을 만드는 지식을 얻기 위해 일론 머스크가 선택한 수단은 '독서'인 것이다.

이처럼 성공한 사람들조차 책을 통해 지식을 습득하고 있다. 자신과 관련 없는 새로운 분야에 있어서는 청소년을 대상으로 쓴 책을 읽어가면서 자신의 수준에 맞는 지식 습득을 하고 있는 것이다.

누구나 자신이 관심 있는 분야의 책 백 권을 읽는다면 그 분야에서 전문가 수준에 이를 수 있는 지식을 습득할 수 있다. 주식이면 주식, 부동산이면 부동산, 인문학이면 인문학, 과학이면 과학, 예술이면 예술 등 지금부터 여러 가지 핑계를 대가면서 과거에 공부하지 못한 것을 후회하는 행동을 그만두자.

지금도 늦지 않았다. 오늘부터 내가 알고 싶은, 전문가가 되고 싶은 분야의 책을 먼저 한 권 읽자. 그렇게 백 권의 책을 읽게 되면 당신은 어느덧 다른 사람들이 찾아와 조언을 구하는 전문가가 되어 있을 것이다.

04 한 분야만 알면
생존하기 어려운 시대

영국의 생물학자 찰스 다윈은 "강한 자가 살아남는 것이 아니라 살아남는 자가 강한 것이다"라는 말을 남겼다. 과거에는 한 가지 분야에만 전문성이 있어도 그걸로 충분했다. 사회가 지금처럼 빠르게 변화하지도 않았고, 이토록 복잡하지도 않았기 때문이다. 그런데 지금은 달라졌다. 더 이상 한 가지 분야만 잘 알아서는 살아남기 어려운 세상이 되었다. 여러 분야와 현상이 얽혀 있는 문제들을 해결할 수가 없어졌기 때문이다.

영원한 승자도 영원한 패자도 없는 이유

삶을 살아가다 보면 20대에 억대 연봉을 버는 사람이 50대, 60대에도 계속 억대 연봉을 넘어 수십억 원을 벌 것 같지만 억대 연봉은커녕 빈곤한 삶을 살아가는 경우를 볼 수가 있다. 실제로 대기업에서 임원까지 한 사람이 은퇴 이후 최저시급을 받으며 노후를 살아가는 사례는 이제 심심치 않게 볼 수 있다. 이는 그 사람의 능력이 갑자기 사라져서가 아니다. 시대와 상황이 변하면서 그 능력의 쓰임과 가치가 변했기 때문이다.

예를 들어 과거에 전화가 막 보급될 때 있었던 전화교환원이나 사람들을 실어 나르던 인력거꾼 등이 사라진 것은 전화교환원의 실력이, 인력거꾼들의 힘이 부족해서가 아니다. 시대가 변화하면서 그들이 가진 능력이 필요 없어졌기 때문에 사라지고 만 것이다.

상황에 따라 달라지는 멀티 페르소나의 시대

서울대학교 소비자학과 김난도 교수는 현대인들의 특징으로 '멀티 페르소나'를 이야기했다. 멀티 페르소나는 '다중적 자아'라는 의미로 상황에 맞게 자신의 정체성을 바꿔 표출하는 현대인을 일컫는 말이다.

예컨대 과거에는 엄마로서의 역할만 훌륭하게 해내면 그것으로 충분했다. 아이가 건강하게 잘 자라고 좋은 대학에 가면 그것으로 훌륭한 엄마가 될 수 있었다. 하지만 지금은 다르다.

엄마로서 아이가 건강하게 잘 자라는 것은 물론이고 아이들의 학습이 뒤처지지 않도록 학습 매니저로서의 역할, 직장에서는 훌륭한 회사원으로서의 역할, 남편이 퇴근하면 아내로서의 역할, 시어머니가 찾아오면 며느리로서의 역할까지 모두 훌륭하게 해내야 한다. 어느 하나라도 제대로 수행하지 못하게 되면 그것이 흠이 되어 자기 분야에서의 전문성까지 의심받는 세상이 되었다. 이제 하나만 잘해서는 안 되는 세상이 되었다.

하나만 잘해도 먹고사는 시대는 끝났다

다른 분야에 관심을 가지고 넓게 역량을 키워나가는 것은 이제 선택이 아닌 생존의 문제다. 평생직장의 시대에는 재정적으로 탄탄하고 좋은 기업에 다니거나 전문직 자격증으로 일을 얻으면 삶을 보장받을 수 있었다.

하지만 지금은 N잡을 이야기하는 시대가 되었다. N잡이 의미하는 것은 더 이상 하나의 잡으로는 충분치 않다는 뜻이다. 과거처럼 한 곳만 죽어라 팠다가 그곳이 내 무덤이 될 수도 있다는 것을 알게 된 것이다. 그래서 본래 가지고 있던 주된 잡에다가 이 잡의 부족한 점, 이를테면 월급, 가능성, 전문성, 안정성 등 보완해줄 몇 개의 잡을 추가적으로 만들기 시작하면서 N잡러들이 탄생했다. 비단 이런 N잡러는 월급이 적거나, 직장이 불안정하거나, 직업 전망이 불투명한 사람만의 문제는 아니다.

100세 시대가 열리면서 우리는 삶을 두 번 살게 되었다. 60세까지 일하고 정년퇴직 후 10년 정도를 살다가 가는 세상에서 이제는 50세까지 일하고 또다시 30~40년을 살아야 하는 세상이 되었다. 이때 지난 50년 동안 해왔던 일을 지속적으로 이어갈 수 있다면 좋겠지만 그 일과 관련된 일을 하는 것은 하늘의 별따기에 가깝다. 50세에 퇴직을 하게 되면 이제는 이전과는 완전히 다른 일을 해야 한다.

다른 일을 찾지 못한 사람은 퇴직 이후의 삶에 적응하지 못할 확률이 높다. 이미 충분히 먹고살 만큼의 자산을 모아놓았다면 큰 문제가 없겠지만 노후를 제대로 준비하지 못한 사람이라면 어려움에 처하게 될 것이다.

의미가 확장되어가는 전문성의 개념

이처럼 깊이 있는 하나의 분야는 물론 다양한 분야를 아는 것은 이제 선택이 아닌 필수다. 한 분야만 깊이 파서는 어떠한 문제도 해결할 수 없는 시대가 되었기 때문이다. 그래서 전문성이라는 개념도 변하고 있다. 전문성의 의미가 과거에는 하나의 분야를 오랫동안 해온 사람이었다면 이제는 하나의 분야에 새로운 무언가를 더해야 자신의 전문성이 만들어지는 것이다.

변호사를 예로 들어보자. 과거에는 사법시험에 합격하면 변호사가 되어 사건을 쉽게 수임할 수 있었다. 변호사의 수가 부족한 시대에는 변호사 자격증이 있다는 것만으로도 충분히 자신의 전문성을 인정받을 수 있었다. 하지만 이제는 무슨 변호사인지를 묻는다. 형사 전문 변호사인지, 민사 전문 변호사인지, 아니 이보다도 더 구체적이어야 한다. 이혼 전문 변호사, 부동산 전문 변호사, 교통사고 전문 변호사 등 더 이상 변호사라는 것만으로는 나만의 전문성, 즉 깊이를 만들어낼 수가 없다. 변호사에다가 플러스알파(+α)를 접목시켜야 한다. 이제는 넓이와 깊이가 함께 가야 한다. 넓이만을 추구할 수도 없고, 깊이만을 지향할 수도 없다. 둘 모두 지향해야만 가장 깊게 팔 수 있게 됐다.

1등만이 살아남는 세상에서 자신의 분야에서 1등이 되기 위해 모든 자원과 에너지를 쏟는 방식은 너무나 비효율적인 시스템이 되었다. 같은 방향에서 같은 방식으로 노력하기보다는 다른 방향에서 다른 방식으로 노력하는 것이 그 분야에서 1등이 되기에 가장 손쉬운 방법이다. 내가 새롭게 만들어낸 분야에서 내가 가장 먼저 시작하면 1등이 되기 때문이다.

깊게 파고 싶다면 넓게 파야 한다

최재천 이화여대 석좌교수는 다양한 분야의 독서를 강조하면서 '통섭'이라는 개념을 제시했다. 그가 말하는 통섭은 '넓게 파야 깊게 팔 수 있다'는 것이다. 아리스토텔레스, 레오나르도 다빈치, 스티브 잡스와 같은 위대한 인물들이 그 예다.

이들은 모든 분야의 학문을 섭렵한 인물들이며 이를 바탕으로 뛰어난 성과물을 만들어낼 수 있었다. 앞으로 이런 통섭의 물결은 더욱 거세게 우리가 사는 시대에 들이닥칠 것이다. 인류의 첨단기술을 엿볼 수 있는 국제전자제품박람회(CES) 2020에서도 이런 변화가 감지되었다. IT 기업인 삼성전자 전시장과 소니 전시장에 자동차가 놓여 있었고 현대자동차는 공개적으로 스마트 시티 구축 사업에 대한 구상을 발표했다.

IT 기업이 왜 자신의 전시장에 자동차를 가져다 놓고 자동차를 만드는 기업이 왜 도시 건설에 대한 이야기를 했을까? 이는 각 영역 간의 경계가 점점 허물어지고 있기 때문이다.

IT 기업들은 더 이상 자동차가 이동 수단이 아닌 첨단 전자제품이라는 것을, 자동차 기업들은 자동차에 IT 기술이 접목됨으로써 자신들의 영역이 차 안에서 도로 위로 확장되고 있음을 이야기한 것이다. 그러면 여기서 질문을 하나 해보자. 시대가 이렇게 변하고 있는데 단순히 차에 대해 잘 안다고 자동차 기업에 들어갈 수 있을까? 또 차라는 건 대체 무엇일까?

05 책과 함께하면 더 좋은 다양한 읽을거리

우리가 뭔가를 읽는다고 하면 보통 책을 떠올린다. 책은 그만큼 쉽게 접할 수 있으며 보편적인 읽기 수단이다. 하지만 오늘날 읽기라는 것이 꼭 책만 있는 건 아니다. 오늘날에는 다양한 콘텐츠들이 출현함으로써 볼 것이 많아졌다. 그래서 이들을 책과 함께 읽어나가면 굉장히 깊이 있고 풍성한 독서가 될 수 있다.

책에 없는 내용까지 알 수 있는 논문 읽기

나는 대학교를 다닐 때 주로 논문을 검색했다. 대학생일 경우, 학교 도서관에서 논문열람에 대한 서비스가 제공되어 있어서 무료로 마음껏 논문들을 검색해볼 수 있었기 때문이다. 책에는 실리지 않은 다양한 논문들을 보면서 남들이 잘 알지 못하는 다양한 정보들을 알 수 있었다. 예를 들면 러시아의 생리학자 이반 파블로프의 개 실험 같은 경우가 그랬다. 나는 심리학에도 관심이 많아서 심리학 책들을 많이 봤는데 그때마다 빠지지 않고 나오는 사례가 바로 파블로프의 개 이야기였다.

중학교 과학 교과서에도 파블로프의 개 실험이 나오는데, 간단하게 설명하면 개에게 종소리를 들려주고 밥을 주었더니 나중에는 종소리만 들려줘도 침을 흘리는 결과가 나왔다는 것이다.

이 실험은 특정한 자극에 대해서 무의식적으로 반응하게 되는 조건반사를 이야기할 때 많이 언급된다. 보통의 심리학 책들을 보면 이 정도만 이야기하고 끝이 난다. 하지만 실제 파블로프의 논문을 보면 그 실험이 어떤 과정을 거쳐서 이루어졌고 어떤 실험들을 진행했는지 등 더 구체적인 이야기들을 깊이 알 수 있다. 이 실험에 대한 설명을 조금 해보면 파블로프는 이 실험을 위해서 약 700마리에 달하는 개를 희생시켰다.

개가 분비하는 침의 양을 정확하게 측정하기 위해 턱에 구멍을 내기도 했고, 소화기관들을 살피고자 해부를 하기도 했다. 또 단순히 소리뿐만 아니라 개에게 원을 보여주고 먹이를 주기도 하고 타원을 보여주고 먹이를 주지 않는 등 반응을 살피기 위한 다양한 실험을 진행했다. 실험에 동원된 대부분의 개들이 이후 정상적인 삶을 살아갈 수 없는 게 당연함에도 파블로프의 개 실험이 유명해진 것은 굉장히 엄격한 조건하에서 많은 실험을 통해 유의미한 결론을 도출했기 때문이다.

하지만 그 실험 뒷면에 대한 이야기들은 잘 알려지지 않았다. 그저 실험 결과만이 책에 인용될 뿐이다. 논문을 직접 찾아보지 않으면 이런 이야기들을 알기란 쉽지 않다.

속도가 생명인 시사 이슈, 칼럼 읽기

책을 읽을 때 논문 외에도 칼럼을 함께 보는 것도 굉장히 큰 도움이 된다. 특히 경제문제와 같이 시의성이 중요한 주제 같은 경우는 함께 읽었을 때의 시너지가 굉장히 크다. 책이 만들어지는 과정을 다시 한 번 떠올려보자. 책은 누군가가 삼백 페이지에 달하는 양의 글을 써야 하고, 그것이 편집자의 손을 거친 후 인쇄되어 유통까지 되어야 독자들의 손에 쥐어질 수 있다.

이 일련의 과정에 소요되는 시간은 아무리 짧아도 몇 개월이다. 즉 A라는 것이 사회적으로 이슈가 되어서 누군가 A라는 것에 대한 책을 쓰기 시작하면 3개월은 지나야 책이 만들어진다.

당장 내일의 일을 알 수 없는 상황 속에서 3개월 후에도 사람들이 여전히 A라는 것에 관심을 가지고 있을까? 이미 상황이 종료되어 내용을 완전히 수정해야 하는 상황에 처할 수도 있다. 즉 책은 양질의 콘텐츠를 담보하긴 하지만 그만큼 거쳐야 하는 까다로운 절차가 있어 때를 놓치기 쉽다.

이런 책읽기를 보완할 수 있는 읽을 것이 바로 '칼럼'이다. 칼럼이란 신문, 잡지 등에 실리는 시사, 사회, 풍속 등에 대한 평을 말한다. 신문을 펼치면 신문사에서 섭외한 칼럼니스트들이 쓴 칼럼을 쉽게 볼 수 있다. 특정한 요일에 주기적으로 그 사람의 글이 실리기 때문에 사회문제나 시사에 대한 그 사람의 생각을 아는 데 무척이나 유용하다.

나는 주식투자를 공부할 때 칼럼을 많이 활용했다. 주식시장은 상황이 굉장히 빠르게 변한다. 초 단위로 시세가 변하고 이슈에 민감하게 반응하기 때문에 책의 내용을 가지고 현재의 상황을 바라보기가 쉽지 않다. 또 바라보더라도 나의 시선이 맞는 것인지 확인하기도 어렵다.

이때 내가 찾은 것이 바로 칼럼이다. 평소에 실력이 있다고 생각한 투자자의 칼럼을 찾아서 읽기 시작한 것이다. 매주 1회씩 신문을 통해서 그 사람의 칼럼을 읽을 수 있었는데 지난주에 주식시장에 큰 폭락이 있었으면 그 폭락에 대한 그 사람의 생각을 알 수 있었다. 즉 그때그때 시의성을 가지고 있는 문제에 대한 정보를 얻는 데 칼럼은 정말 적절한 수단이었다.

짧은 시간에 핵심만 쏙 알려주는 SNS 읽기

우리가 보통 쓸 데 없다고 생각하기 쉬운 SNS도 책과 함께 읽으면 좋은 효과를 낼 수 있다. 누군가 블로그, 페이스북, 인스타그램, 유튜브 등과 같은 SNS를 보고 있으면 시간 낭비를 하고 있다고 생각할 것이다. 남의 사생활이나 사진, 별 내용 없는 영상을 보고 있다고 생각하기 때문이다. 하지만 점점 많은 사람들이 SNS 플랫폼을 이용하기 시작하면서 다양한 콘텐츠들의 수요가 발생했고, 올라오는 콘텐츠 역시 굉장히 다양해졌다.

삶에 별 도움이 안 된다고 생각하는 오락적인 콘텐츠 외에도 뉴스, 책, 시사 이슈, 상식 등 삶에 보탬이 되는 다양한 콘텐츠들이 많이 있다. 나는 SNS 콘텐츠를 통해 새롭게 호기심이 가는 분야를 지속적으로 찾는다.

SNS 콘텐츠들은 누구나 올릴 수 있고 굉장히 빠르게 소비가 된다. 그래서 사람들이 무엇에 관심을 가지고 있는지 또는 사회적으로 중요한 이슈에 대한 다른 사람들의 생각을 거의 실시간으로 파악할 수 있다. 또 해당 분야에 대한 다양한 생각들을 내 생각과 비교할 수 있게 해주기 때문에 이슈를 바라보는 시선을 좀 더 입체적으로 만들어준다. 물론 SNS 콘텐츠들은 다른 수단에 비해 신뢰성이 많이 낮아서 있는 그대로 받아들이기는 어렵지만 다른 사람들의 생각이 맞는지 검증하기 위해 책이나 리포트 등 다양한 자료들을 함께 보면 나만의 관점을 키워나갈 수 있다.

책과 현실의 거리를 좁혀주는 신문과 잡지 읽기

그 밖에도 신문이나 잡지 등도 함께 본다면 책만으로는 부족할 수 있는 읽기를 보충할 수 있다. 내가 한창 부동산 책을 읽을 때 부동산 신문기사도 함께 스크랩해서 읽어나갔다. 부동산 책에 나오는 전문가들의 투자 기법이 현재 시장에서 적용 가능한지 따져보고 현재의 시장을 어떻게 바라봐야 하는지 지속적으로 체크를 해보기 위해서였다.

책의 내용이 실제 현실과 얼마나 맞는지 비교해볼 수도 있었고 그 방법들을 적용해보면서 나만의 시장을 보는 관점도 자연스럽게 생겨났다. 만약 부동산 책만 보았다면 '아~ 그렇게 해서 돈 벌었다는 이야기구나'라는 저자의 성공담으로 끝났을 가능성이 높았을 것이다. 실제로 신문을 통해 현재 시장의 움직임을 살피고 책의 관점으로 시장을 바라보니 책의 내용들이 새롭게 다가오기 시작했다. 그러니 책읽기를 다른 것들과 병행해보자. 그러면 책에서는 미처 적지 못했던 저자의 생각이나 글이 보이기 시작할 것이다.

06 통찰력을 만들어주는 넓게 읽기

예로부터 '장님 코끼리 만지듯 하다'라는 말이 있다. 앞이 보이지 않는 장님들이 코끼리를 만지면서 코를 만진 장님, 몸통을 만진 장님, 다리를 만진 장님, 꼬리를 만진 장님이 서로 자기가 말하는 코끼리가 맞다면서 싸우는 이야기다.

모두 틀린 말은 아니지만, 그 장님들이 한 말을 모두 모아놓으면 코끼리가 아닌 괴물이 되는 것이다. 이는 코끼리의 본모습을 보지 못하고 자신이 느낀 현상만을 이야기했기 때문이다.

아마 한 명의 장님이 코끼리의 코, 몸통, 다리, 꼬리를 모두 만졌다면 코끼리의 본 모습을 제대로 이야기할 수 있었을 것이다.

혼란의 시대, 본질을 꿰뚫어 볼 수 있는 힘

사물이나 현상을 꿰뚫어 보는 힘. 우리는 그것을 통찰력이라고 부른다. 우리가 마주하는 사회현상이나 문제들은 여러 가지가 복합되어 형성된다. 그래서 어느 한 면만을 보고 이야기하면 현상을 제대로 이해하지 못하고 문제를 해결할 수 없는 경우가 많다. 지금은 어느 시대보다도 통찰력이 중요한 시대가 되었다.

그렇다면 다방면으로 문제를 바라볼 수 있는 힘은 어떻게 키울 수 있을까? 그 질문에 대한 답은 의외로 간단하다. 여러 개의 눈을 가지고 있으면 된다. 코끼리를 앞에서 보는 눈, 뒤에서 보는 눈, 옆에서 보는 눈, 위에서 보는 눈, 아래서 보는 눈을 가지고 있으면 코끼리라는 동물을 정확하게 볼 수 있을 것이다. 코끼리의 몸속까지 투시할 수 있는 눈이 있다면 더욱 좋다.

사회현상이나 문제도 마찬가지다. 한쪽의 눈으로만 볼 때는 정확하게 볼 수 없지만 여러 개의 눈으로 보게 된다면 그 실체를 분명하게 볼 수 있다. 예를 들면 정부에서 부동산 값을 잡기 위해 분양가상한제를 시행한다고 해보자.

단순히 정부의 입장에서 보면 신축 아파트의 분양가를 낮췄으니 아파트 값이 더 이상 오르지 못할 것으로 본다. 하지만 아파트를 분양받을 사람의 입장에서 보면 주변의 아파트 값은 분양가보다 1~2억이 높으니 분양만 받는다면 주변 아파트 값만큼은 오를 것이라는 확신이 생겨 너도나도 청약을 한다.

아파트를 공급하는 건설회사의 입장에서 보면 시세대로 분양가를 책정해서 지으면 충분히 수익이 나는 아파트를 분양가를 높게 책정하지 못하니 적자가 나게 되어 사업을 포기하게 된다.

결과론적으로 아파트 값을 잡으려고 시행한 정부의 정책이 아파트를 분양받는 수요자에게는 로또로 인식되어 청약 과열을 만들고 아파트 건설회사에게는 사업성이 떨어져 아파트를 짓지 못하게 만든다. 그 결과 수요는 증가하고 공급은 줄어드는 상황을 만들어 아파트 값이 더 올라버리는 의도하지 않은 결과를 만들어내게 된다.

정부의 눈으로 봤을 때는 아파트 가격이 떨어져야 하지만, 다른 눈으로 보았을 때는 오히려 아파트 값을 부추기는 정책이 된 것이다. 이런 눈으로 정부의 분양가상한제를 바라본 투자자는 이것이 부동산 값을 떨어뜨리는 정책이 아니라 올리는 정책임을 꿰뚫고 부동산에 투자를 했을 것이다. 이처럼 여러 개의 눈으로 사회현상이나 문제를 바라본다면 우리는 훨씬 더 나은 판단을 내릴 수 있다.

여러 개의 눈을 가지는 방법

하지만 여러 개의 눈을 갖는다는 건 쉬운 일이 아니다. 다방면으로 보기 위해서는 그 분야의 관점을 익혀야 하는데 그것은 그냥 얻어지는 것이 아니다. 그 분야에 대한 공부를 해야지만 눈이 열리게 된다. 그래서 우리는 넓게 읽어야 한다.

결국 넓게 읽는다는 것은 다방면의 책들을 읽는 것이다. 한 분야에 속한 책만 읽다 보면 그 분야의 관점은 습득할 수 있겠지만 다른 관점으로는 보기 힘들다. 예를 들어 환경오염에 관한 문제를 살펴보자.

어느 날 A가 환경에 대한 관심이 많아서 환경오염에 대한 책을 읽고 지구가 얼마나 오염되었는지 그 심각성을 알게 되었다. 환경오염의 심각성을 알게 된 A는 공장에서 오염물질이 절대 나와서는 안 되고, 정부에서도 강의 오염에 대한 정화 정책을 시행할 것을 강력히 주장할 것이다. 환경오염을 막고 자연을 원상태로 회복시키자는 말에 반대할 사람은 없을 것이다. 문제는 비용이다.

경제학의 관점에서 보면 환경오염을 막고 강의 수질을 오염물질 0의 수준으로 만드는 것이 꼭 바람직한지 의문이 든다. 오염으로 인해 수질의 상태가 C등급인 강물을 B등급까지 만드는 데는 50이라는 비용이 든다고 하자. 이 B등급인 강물을 A등급까지 만드는 데는 100이라는 비용이 든다고 한다. 완전히 깨끗한 물은 아니지만 B등급까지만 만들어도 일상생활에 사용하는 데 큰 문제가 없다면 굳이 100의 비용을 추가적으로 들여서 수질을 꼭 A등급으로 만들어야 할까? 오히려 그 100의 비용을 토양오염을 막는 데 쓴다면 그게 더 효과적이지 않을까?

환경오염의 관점에서 본다면 무조건 깨끗하고 맑게 만드는 게 좋겠지만 경제학의 관점에서 보면 무조건 깨끗하게 만드는 것보다는 거기에 들어가는 비용을 고려해서 효용을 따져보아야 하는 것이다. 이런 상황에서 환경 분야의 눈만 가진 사람과 경제 분야의 눈만 가진 사람이 토론을 한다면 서로 싸움만 하고 결론이 쉽게 나지 않을 것이다. 어쩌면 환경오염이 괜찮다는 경제학자를 나쁜 사람으로 매도할지도 모르겠다.

이때 환경 분야와 경제 분야의 눈을 모두 가진 사람은 이 문제에 대한 오염도와 비용의 최적점을 찾아서 적절한 답을 내릴 수 있을 것이다.

둘 이상의 눈을 가진 파이형 인재

사회문제가 점점 복잡해지면서 이런 눈을 가진 인재의 필요성은 증가하고 있다. 2000년대 초반만 하더라도 우리 사회가 요구하는 인재상은 T자형 인재였다. T자형 인재는 UC 버클리 대학교의 경영학 교수 모튼 한센이 이야기한 유형인데 어떤 한 분야에 고도의 전문성을 가지고 있으면서 다른 영역과 잘 융합되고 통섭할 수 있는 인재를 말한다. 특정 분야에 대해서는 전문가 수준의 깊이를 가지고 있으면서도 다른 분야에 대해서는 개론적인 수준의 지식을 가지고 있는 것이다.

하지만 이제는 T자형 인재를 넘어 파이형 인재를 이야기 한다. 파이형 인재는 다방면에서 자신의 전문 지식을 연결시켜 탁월한 업무 성과를 내는 인재 유형으로 보통 두 개 이상의 전문가적 자질을 갖춘 멀티플레이어를 의미한다. 기업은 사람들의 문제를 해결할 수 있도록 문제의 본질을 제대로 꿰뚫고 직관할 수 있는 인재를 원한다. 그래서 하나가 아닌 둘 이상의 전문성을 갖춘 파이형 인재를 원하는 것이다.

이제 우리가 마주하는 사회문제는 하나의 전문성만 가지고는 제대로 풀어낼 수 없는 단계에 이르렀다. 숙의민주주의라는 의사결정 방식이 사회적으로 대두되었던 것도 이런 이유에서다.

과거처럼 한 사람이 의사결정을 하기에는 하나의 문제가 너무 다양한 부분에 영향을 주기 때문에 이런 것들을 충분히 고려하기가 쉽지 않은 것이다. 넓게 읽는 것은 다양한 생각을 가진 사람들과 대화를 할 수 있는 폭을 넓혀주고 문제를 볼 수 있는 눈을 가질 수 있도록 도와줄 것이다. 앞으로의 시대에서 살아가기 위해 우리는 넓게 읽어야만 한다.

2장

읽은 것을
추출하고 전송하라

그때 이걸 알았더라면 01

살면서 후회를 하지 않을 수 없다고는 하지만, 나는 내가 살아온 삶에 대해서 별로 후회를 하지 않는 편이다. 특히 20대 이후로 인생의 중요한 결정들을 내가 선택하고 나서는 더욱 그렇다. 누군가 시간을 되돌려준다고 해도 되돌리고 싶지 않을 정도로 나는 삶에 대해 후회를 하지 않는 편이다. 후회할 시간에 앞으로 더 잘하자 주의랄까.

20대로 다시 돌아간다면 바꾸고 싶은 것

그럼에도 불구하고 내가 20대에 했던 선택 중 딱 한 가지, 정말 아쉬운 선택이 있다. 그 선택은 공부를 더 열심히 할 걸이라든가, 좋아하는 사람에게 내 마음을 고백해볼 걸이라든가, 진로에 대한 선택을 잘못했다든가 같은 종류의 것이 아니다. 바로 독서에 대한 이야기다. 사실 이 책을 쓰는 이유도 이런 나의 아쉬움과 관련이 깊다. 다른 사람들은 나와 같은 실수를 하지 않았으면 하는 마음에서 말이다.

20대에 나는 정말 원없이 독서를 했다. 학교 도서관에 일주일 내내 갔고, 그래서 도서관 직원들조차 나를 알고 있을 정도였다. 책을 빌릴 때도 한 번에 대여섯 권을 빌렸고 희망도서 신청도 수없이 많이 했기 때문이다. 그렇게 많은 양의 독서를 하던 내가 잠시 고민을 하던 때가 있었다.

그 고민은 그냥 지금처럼 읽기만 할 것인지 아니면 어딘가에 내용을 따로 정리를 할 것인지였다. 그 당시 이런 고민이 들었던 이유는 책을 읽고 나면 내용들이 온전히 머릿속에 정리되지 않았기 때문이다. 그래서 따로 정리를 하면 조금 더 오래 기억되지 않을까 생각하게 된 것이다.

읽고 정리하자 vs 정리할 시간에 더 많이 읽자

그렇게 얼마나 고민했을까? 결국 선택의 문제였는데, 나는 기록을 하기보다는 책을 읽기로 선택했다. 그 이유는 읽을 책이 너무 많은데 기록까지 하게 되면 더 많은 책을 읽지 못한다는 생각에서였다. '지금부터 내가 하루에 책을 한두 권씩 읽어도 학교 도서관에 있는 책들을 다 읽을 수가 없을 텐데 책의 내용을 따로 기록하는 게 의미가 있을까? 그 시간에 책이나 더 읽자! 학교 도서관에 있는 책들은커녕 오늘부터 출간되는 책들부터 읽는 것도 시간이 없다' 이런 생각을 하면서 더 많은 책을 읽기로 결정한 것이다.

책을 많이 읽어본 사람은 알 것이다. 같은 분야의 중요한 내용들은 다른 책에도 계속 반복되어 나온다는 것을. 그래서 자꾸 잊히는 책의 내용을 기록하기보다 책을 많이 읽으면 자연스럽게 기억이 될 것이라는 판단도 있었다. 이런 판단으로 나는 독서 감상문이나 독서 노트 등을 작성하지 않고 무지막지하게 책을 읽어나갔다. 대학교 때 학교 도서관에서 대출한 책만 총 이천 권 이상이니 실제로 읽은 책은 그 이상일 것이다.

그런 선택을 해서 수없이 많은 책을 읽은 것은 정말 잘한 일이라고 생각한다. 그때 만들어진 독서 습관과 지식, 학습 능력은 지금도 나를 계속 성장시키고 있으니까.

하지만 이런 생각도 가끔 해본다. 그때 내가 읽은 책들을 정리해놓았으면 어땠을까라는 생각. 내 개인적인 노트나 일기장이 아닌 블로그에 말이다. 아마 그러면 지금보다 더 많은 것이 달라지지는 않았을까 하는 상상을 가끔 해본다.

그때 내가 읽은 책들을 정리했다면

이런 상상을 하는 이유는 대학 졸업 후, 내가 읽은 책들을 네이버 블로그에 기록하면서 많은 것들이 변했기 때문이다. 네이버 블로그에 내가 읽은 책들의 내용을 정리해서 올린다는 것은 나에게 두 가지 의미가 있었다.

첫째는 내가 이 책에서 느낀 중요한 부분들을 다시 한 번 정리하면서 되새기는 학습의 의미였다. 책을 읽는 데 끝나지 않고 더 나아가 책을 읽으면서 감명받았던 부분이나 몰랐던 부분을 블로그에 다시 정리해서 올리는 과정을 통해 책을 두 번을 보는 효과가 일어났다. 처음에는 책을 읽으면서, 두 번째는 중요한 부분을 블로그에 게시하는 과정에서 한 권의 책을 두 번 읽는 것이다. 자연스럽게 책의 내용들이 나에게 더 가까이 다가왔다.

둘째는 이 게시물을 나만 보는 것이 아닌 다른 사람도 본다는 것이다. 책을 읽고 정리한 내용을 나뿐 아니라 다른 사람도 볼 수 있다는 것은 기록 그 이상의 의미를 지닌다. 예를 들어 책 내용을 내 일기장에 정리한다고 해보자. 정리하면서 공부가 되고, 가끔 생각날 때 다시 꺼내보는 데 좋을 것이다. 하지만 딱 거기까지다. 그 이상의 효과는 없다. 하지만 다른 사람이 볼 수 있도록 글을 쓴다는 것은 상상하지도 못한 결과들을 만들어낸다.

내게 실제로 일어난 일들을 이야기해보겠다. 일단 나는 매일 한 권의 책을 정리해서 올렸다. 책에 대한 리뷰를 올릴 때마다 잘 봤다는 글이나 고맙다는 댓글을 보면서 개인적으로 더 열심히 책을 읽어야겠다는 동기부여가 되는 것은 기본이다. 오랜 시간 글을 꾸준히 올리다 보니 내가 정리한 내용들을 좋아해주는 팬들이 생겼다. 그렇게 한 명, 한 명 늘어난 팬의 수가 어느덧 삼만 명이 넘게 되었다. 그러다 보니 자연스럽게 책의 내용 뿐 아니라 '나'라는 사람에게 관심이 생겼고, 내가 작성한 다른 글들로 관심이 이어졌다. 사람들의 관심은 유명 매체에 나의 글을 기고하고 칼럼을 정기적으로 게재할 수 있는 기회를 만들어주었을 뿐만 아니라 책을 두 권이나 출간한 작가가 되는 데 큰 힘이 되었다.

내가 책을 읽고 그것을 누구나 볼 수 있는 블로그에 올리지 않았다면 이런 결과가 내게 만들어졌을까? 아마 아닐 것이다. 똑같이 책을 읽고 똑같이 내용을 정리하더라도 어디에 그것을 쓰느냐에 따라 완전히 다른 결과가 나오는 것이다.

이런 측면에서 나는 나의 20대 초반의 결정을 후회한다. 물론 그 당시에 더 많은 책을 읽기로 결심함으로써 정말 엄청난 양의 책을 읽고 지적 성장이 일어났을 것이라 생각한다. 하지만 그때부터 기록을 꾸준히 해나갔더라면 아마 지금보다 더 많은 기회들이 내게 오지 않았을까 하는 아쉬움이 남는다.

당신의 독서를 드러내라

그래서 나는 독서를 하려는 사람에게 이 말을 꼭 해주고 싶다. 당신의 독서를 꼭꼭 숨기지 말라고. 당신의 독서를 많은 사람들이 볼 수 있도록 드러내라고. 책을 많이 읽지 않는 사람일수록 읽은 것을 꼭 드러내라고 얘기해주고 싶다. 책을 다시 보는 효과도 있고, 어딘가에 올라가서 하나하나 쌓여가는 글들을 보면 더 많은 책을 읽을 수 있는 동기부여도 될 것이다.

그리고 나의 글을 좋아해주는 사람들이 하나 둘 늘어나면 지금은 상상도 하지 못할 일들이 일어날 것이라고 나는 확신한다. 나의 삶이 그랬으니까. 그러니 기록하라. 블로그, 페이스북, 인스타그램, 유튜브 어디든 상관없으니 많은 사람들이 볼 수 있는 곳에 자신의 독서를 꼭 남기길 바란다.

생산자적 독서가가 살아남는다 02

자본주의사회에서는 두 개의 계급이 있다. 하나는 자본가(부르주아)이고 다른 하나는 노동자(프롤레탈리아)다. 이 두 계급의 구분은 혈통 같은 선천적인 요인으로 결정되는 것은 아니고, 생산수단을 가지고 있느냐 없느냐로 결정된다.

즉 공장이나 기계와 같이 생산수단을 가지고 있는 사람은 자본가 계급이 되고 그런 생산수단이 없어 노동력을 가지고 생계를 유지해가는 사람은 노동자 계급이 된다. 자본주의사회에서는 이 두 계급의 구분이 매우 중요하다. 결국 생산수단을 소유한 사람이 더 많은 부를 축적하게 되고 더 나아가 삶을 더 자유롭게 살아갈 수 있기 때문이다.

이미 수많은 연구들은 자본소득의 증가 속도가 노동 소득의 증가 속도보다 빠르다는 것을 증명하고 있다. 생산수단을 가지고 있지 않으면 자신의 노동력을 팔아 돈을 벌어야 하기 때문에 자유가 사라지게 된다. 여기서 중요한 것은 '생산'이다. 자본주의 사회를 살아가기 위해서는 무엇이든 생산을 해내야 한다. 그것이 공장에서 나오는 상품일 수도 있고, 자신의 노동력에서 나오는 기술일 수도 있다. 어찌 됐든 우리는 무언가를 생산해서 팔아야 돈을 벌 수 있고, 무언가를 사면 돈을 쓰게 되는 것이 자본주의 시스템이 작동하는 기본 원리다.

당신은 독서 소비자입니까, 생산자입니까?

그렇다면 독서라는 행위를 살펴보도록 하자. 우리는 책을 사서 볼 수도 있고, SNS 콘텐츠나 신문이나 잡지를 구독할 수도 있다. 중요한 건 이 모든 행위가 소비 행위라는 점이다. 내가 돈을 지불하든 아니든 말이다. 설령 돈을 쓰지 않는다 하더라도 시간을 쓰는 것이다.

나는 이러한 독서 행위를 소비자적 독서라고 부른다. 우리는 소비자적 독서에 굉장히 익숙해 있다. 물론 소비자적 독서를 한다고 해서 꼭 나쁜 것은 아니다. 정보와 지식을 습득할 수 있으니까. 판단력과 통찰력이 올라가고 삶의 변화가 일어날 수 있다. 독서의 놀라운 효과다. 하지만 나는 한 가지를 더 제안하고 싶다. 바로 생산자적 독서다. 생산자적 독서는 독서를 하면서 무언가를 만들어내는 것이다. 단순히 읽는 데 그치는 것이 아니라 읽고 무언가를 만들어내는 것이다. 물론 그것은 또 다른 콘텐츠다.

과거에는 독서라는 것을 통해 무언가를 생산하기가 굉장히 어려웠기 때문에 당연히 생산자적 독서가 어려웠다. 책을 굉장히 많이 읽고 실력을 키워 내 책을 출간하는 건 시간이 오래 걸리는 일이었다. 그래서 극소수의 사람들만이 할 수 있었다. 하지만 이제는 시대가 달라졌다. 책을 쓰지 않아도 콘텐츠를 만들 수 있는 방법과 수단이 너무 많이 생겨났다.

누구나 SNS를 하는 시대가 되었고, 하루에도 몇 개씩 콘텐츠를 만들어 올리는 시대가 되지 않았는가. 내가 오늘 아침에 찍은 셀카도 콘텐츠고 오늘 점심에 찍은 식사 메뉴도 콘텐츠다. 이렇게 콘텐츠를 만드는 것이 쉬워지고 누구나 발행까지 할 수 있는 시대에 여전히 과거처럼 독서를 소비 행위로만 하는 것은 어리석은 짓이다. 이제는 독서도 생산적인 활동이 되어야 한다.

이미 많은 사람들이 생산자적 독서를 시작했다. 우리는 책을 구입할 때 그 책이 어떤지 검색해본다. 이때 검색되는 누군가가 써놓은 책에 대한 요약과 리뷰, 그 게시물의 유형이 영상이든 사진이든 글이든 그 모든 것이 콘텐츠다. 우리는 리뷰를 보고 책에 대해 어느 정도 파악한 뒤 구매를 결정한다.

이때 리뷰는 누군가의 소비 행위에 영향을 미치는 훌륭한 콘텐츠인 것이다. 그들은 이렇게 책을 읽고 콘텐츠를 만들어 돈을 벌고 있다. 자신의 SNS 영향력을 바탕으로 출판사로부터 콘텐츠 제작비용을 받는 것이다.

금액도 결코 적지만은 않다. 이들은 자신들이 읽은 책을 바탕으로 적게는 도서 협찬에서 많게는 수백만 원의 비용을 받는다. 책을 단순히 소비하는 데 그치지 않고 책을 가지고 자신만의 콘텐츠를 생산한 결과, 자신의 수입이 증가되는 것이다.

반드시 생산자적 독서를 해야 하는 이유

생산자적 독서가가 되어야 하는 이유는 단순히 돈을 벌 수 있기 때문만은 아니다. 생산자적 독서가들은 자신만의 콘텐츠를 만드는 과정에서 책을 더 구체적이고 자세히 읽을 수 있다.

기본적으로 책을 읽고 리뷰를 한다는 것은 그 책에 대한 온전한 이해가 없고는 어려운 일이다. 특히 책에 대한 이해가 높을수록 더 나은 리뷰를 할 수 있다는 것을 고려하면 리뷰를 잘하기 위해서라도 책을 더 열심히 읽게 된다. 콘텐츠를 만든다는 것 자체만으로도 더 효과적인 독서 행위를 할 수 있는 것이다.

결국 모든 독서가들은 궁극에는 소비자적 독서가 아닌 생산자적 독서를 지향해야 한다. 생산자적 독서가가 된다면 콘텐츠를 만드는 과정에서 보다 적극적인 독서 행위를 할 수 있고, 그 리뷰들을 보고 팬들까지도 생기게 된다. 또 잘된다면 기대하지 않던 수입이 생기고, 자신이 쌓아온 콘텐츠를 바탕으로 책을 출간하게 될 수도 있다.

이토록 좋은 점이 많은데 생산자적 독서를 하지 않을 이유가 없다. 누구나 마음만 먹는다면 생산자적 독서를 할 수 있다.

시간이 갈수록 차이가 크게 벌어진다

자본주의사회에서는 생산자는 돈을 벌고 소비자는 돈을 쓴다. 그리고 생산수단을 보유한 계급과 생산수단을 보유하지 못한 계급의 차이는 시간이 지날수록 벌어진다. 마찬가지로 생산자적 독서가와 소비자적 독서가의 차이도 크게 벌어질 것이다.

물론 소비자적 독서도 훌륭하지만, 생산자적 독서는 그보다 몇 배는 더 훌륭하기 때문이다. 그 이유는 생산자적 독서가는 독서를 하면서 자신만의 생산수단을 만들기 때문이다. 여기서 생산수단은 SNS에 올리는 자신의 콘텐츠를 의미한다. 우리가 많이 사용하는 네이버 메인화면의 배너광고가 MBC 9시 뉴스 광고보다 몇 배나 비싸게 팔리는 것은 많은 사람에게 알릴 수 있는 생산수단의 가치가 얼마나 높은지를 짐작할 수 있게 한다.

우리가 살아가고 있는 현대사회에서 가장 가치 있는 생산수단을 만들어가는 것이다. 독서를 하면서 말이다. 그 채널이 인기가 많아져 소비되기 시작한다면 이 시대의 훌륭한 생산수단으로서 신흥 부르주아계급으로 부상할 수 있을 것이다.

우리가 알고 있는 수많은 스타 크리에이터들의 탄생은 이렇게 시작되었다. 더 이상 소비자적 독서와 결별하라. 이제 생산자적 독서의 시대가 열릴 것이다.

03 | 모방만으로도
내 콘텐츠가 된다

생산자적 독서를 하라고 하면, 많은 사람들이 가장 먼저 느끼는 것은 부담감이다. '아휴~ 책읽기도 힘든데 그걸 언제 하나요?', '내가 그걸 어떻게 해' 이런 말들을 가장 먼저 한다. 하지만 많은 사람들이 그런 반응을 보인다는 것은 역설적으로 그만큼 기회라는 것을 의미하기도 한다. 그만큼 하는 사람이 많지 않고 보편화되지 않았다는 것을 의미하기 때문이다.

보통 기회는 많은 사람들이 관심을 보이지 않을 때 찾아오는 경우가 많다. 그래서 지금이 생산자적 독서를 시작하기에 가장 좋은 시기이기도 하다.

누구나 시작할 수 있다

생산자적 독서는 어렵게 생각하면 한없이 어려워지고, 쉽게 생각하면 너무나 쉽다. 무언가를 내가 어떻게 만드냐에 따라 난이도가 달라지기 때문이다. 대부분은 너무 잘된 콘텐츠들을 봐왔기에 그런 콘텐츠를 내가 만들 수 있을까라는 두려움이 있어 실행하지 못한다. 하지만 괜찮다. 처음부터 잘하는 사람은 없으며 잘할 필요도 없다.

처음부터 이걸 이용해서 뭔가를 얻어야지라고 생각을 하니까 어려워지기 시작하는 것이다. 그래서 생각으로만 뭘 할지 고민하다가 결국엔 아무것도 하지 않고 끝나버리는 것이다. 그렇다면 조금이라도 더 쉽게 시작할 수 있는 방법은 무엇이 있을까?

그것은 모방이다. 이미 생산자적 독서를 하고 있는 사람들을 모방하는 것이다. 우리는 모방을 부정적으로 보는 시각이 있지만 학습에 있어서 모방만큼 훌륭한 방법도 없다.

무언가를 배우는 데 가장 좋은 전략

요즘 전 세계 SNS 플랫폼 중에서 떠오르는 서비스가 있다. 바로 틱톡이다. 틱톡은 중국에서 만든 15초짜리 동영상 애플리케이션이다. 누구나 영상을 찍어서 간단히 편집해 15초짜리 영상을 올릴 수 있다. 간단한 조작만으로 영상을 올릴 수 있고 손쉬운 특수효과 적용, 트렌디한 BGM을 손쉽게 영상에 넣을 수 있어 10대들 사이에서 선풍적인 인기를 끌고 있다.

그런데 이 틱톡은 사실 유튜브와 인스타그램을 모방해 만든 서비스다. 중국의 유명한 제조업체 샤오미도 마찬가지다. 샤오미는 아이폰의 디자인을 비슷하게 차용했지만 반값도 안 되는 가격 경쟁력을 바탕으로 애플, 삼성 등과 경쟁하는 기업이 되었다. 이제는 가성비를 넘어서 칠천 건의 특허를 보유한 최첨단 기술 기업으로 도약하고 있다. 샤오미가 이렇게까지 큰 기업이 될 수 있었던 것도 모방 덕분이었다. 틱톡도, 샤오미도 모두 모방에서 시작해 자신만의 독창성을 만들어냈다. '모방은 창조의 어머니다'라는 말이 그냥 나온 것이 아니다.

처음에는 모두 따라 하는 것으로 시작한다. 특히 콘텐츠는 누구나 볼 수 있게 개방되어 있다. 특허로 보호되는 기술력을 필요로 하지도 않는다. 이는 누구나 쉽게 모방이 가능하다는 것이다. 그만큼 누구나 쉽게 시작할 수 있음을 의미한다.

모방부터 시작하라

특히 독서를 통해 콘텐츠를 만들어내는 경우, 모방만으로도 쉽게 나의 콘텐츠를 만들 수 있다. 사람들이 가장 먼저 책을 통해 생산할 수 있는 콘텐츠는 리뷰 콘텐츠다. 책을 읽고 내용을 요약한다든지, 읽고 난 느낌을 콘텐츠로 만드는 것이다.

앞서 이야기했듯이 많은 사람들이 책 읽을 시간이 없다. 하지만 독서 욕구는 있다. 그런데 누군가가 책을 읽고 중요한 부분을 요약해준다면 많은 사람들이 필요로 하는 콘텐츠가 된다.

꼭 내용을 요약하지 않더라도 책을 읽고 난 느낌을 공유하는 것도 마찬가지다. 우리는 무언가를 살지 말지 고민할 때 사용 후기를 참고한다. 내가 만들어낸 콘텐츠가 어느 정도 신뢰를 얻기 시작하면, 사람들은 내 의견을 중요하게 생각하게 될 것이고 내가 어떻게 이야기하느냐에 따라 구매 여부를 결정할 것이다.

결국 나만의 콘텐츠가 된다

여기서 한 가지 중요한 것은 모방은 완전히 똑같이 베끼는 것과는 다르는다는 것이다. 모방은 비슷하게 만드는 것이지 똑같게 만드는 것이 아니다. 특히 디지털 콘텐츠의 특성상 복사를 하게 되면 원본과 사본이 똑같아지는데, 다른 사람이 만든 콘텐츠를 허락 없이 무단으로 복제하는 것은 문제가 될 수 있다.

그래서 콘텐츠를 만들 때 나의 색깔을 입히는 것이다. 같은 책을 읽고 내용을 요약하더라도 중요하다고 생각하는 부분이 다르기 때문에 그것 자체가 색깔이 될 수 있고 또 책을 소개하는 형식이나 디자인을 다르게 하면 차별화를 줄 수도 있다. 같은 기능이어도 디자인이 훌륭하면 사람들에게 더 높은 가치를 인정받을 수 있지 않은가! 그렇게 처음에는 내가 생각하는 방향과 비슷한 콘텐츠를 찾아 쉬운 것부터 만들어보기 시작하는 것이다. 그

러다가 점점 자신감이 생기고 자신만의 철학이나 색깔이 생기게
되면 그때부터는 모방을 넘어 창조가 시작되는 것이다.

예를 들면 처음에는 자신이 생각하는 리뷰 스타일과 비슷한
콘텐츠를 찾는 것이다. 만약 그 리뷰 스타일이 요약이라면 나도
책을 읽고 주요 내용을 정리하는 콘텐츠를 만드는 것이다. 그 책
에 관심이 있는 사람들은 내 콘텐츠를 보고 책의 주된 내용을 파
악하고 그 책을 읽을지 결정할 것이다.

그렇게 콘텐츠를 만들다 보면 조금 더 깔끔하게 만들고 싶고
조금 더 잘 만들고 싶은 욕심이 생기기 시작한다. 콘텐츠를 보러
오는 사람들이 적거나 노력하는 것에 비해 결과가 잘 안 나온다
고 생각하면 변화의 욕구가 들기 때문이다. 그러면 그 책과 관련
된 다른 정보들을 추가해보는 것이다. 신문에서 읽은 내용을 덧
붙인다든지, 잡지에서 읽은 내용을 덧붙이는 것이다. 그렇게 모
방하는 것으로도 충분히 차별화가 일어나기 시작한다. 다른 사
람들과는 다른 리뷰가 만들어지기 때문이다. 책의 주요 내용만
알려주는 콘텐츠보다는 책의 내용에 그와 관련된 신문기사를 함
께 제공하는 콘텐츠를 더 좋아하지 않겠는가.

하지만 이 모든 것의 시작은 모방이다. 하면서 느껴지는 부족
한 점은 나만의 창의성을 발휘해 개선시켜나가면 된다. 그 과정
속에서 나만의 개성이 담기게 되고 독창적인 콘텐츠가 만들어지
는 것이다.

큐레이션의 시대가 온다 **04**

나의 개성, 나의 취향이 그 자체로 하나의 콘텐츠가 된다면 어떤가? 내가 매일 아침 출근길에 듣는 플레이리스트, 힘들 때 읽으려고 모아놓은 글귀 등이 하나의 콘텐츠로 사람들에게 사랑받고 소비되는 것이다.

그저 내 취향대로 모아놓은 것이 콘텐츠로서 가치가 있냐고 물을지도 모르겠다. 당연히 가치가 있다. 그리고 그 가치는 앞으로 점점 더 중요해질 것이다. 그래서 우리는 큐레이션을 알아야 한다. 다른 사람들이 만들어놓은 콘텐츠를 다시 정리하는 것이 의미 없는 것처럼 보일 수도 있지만 그 중요성은 점점 높아지고 있다. 콘텐츠가 많아질수록 선별된 양질의 정보에 대한 수요가 늘어나는데 큐레이션은 이런 수요를 충족시키는 데 매우 중요한 역할을 하기 때문이다.

선택지가 많아질수록 선택하지 못하는 사람들

사람은 자신에게 주어진 선택지가 많아지면 다양한 선택지를 비교해가면서 더 현명한 판단을 할 수 있을 것이라 생각한다. 하지만 실험 결과는 우리의 생각과 전혀 다른 모습을 보여준다.

스탠퍼드 대학교의 마크 레퍼 교수와 컬럼비아 대학교의 쉬나 아이엔가 교수는 재미난 실험을 하나 했다. 한 슈퍼마켓에 여섯 가지 종류의 잼과 스물네 가지 종류의 잼을 시식할 수 있는 부스를 설치하고 고객들의 반응을 살펴본 것이다.

고객들은 스물네 가지 종류의 잼이 있는 부스에서는 약 60% 발길을 멈추고 잼을 시식했고, 여섯 종류의 잼이 있는 부스에서는 약 40%의 고객만이 발길을 멈추고 시식을 했다. 더 많은 종류의 잼이 있는 곳에 사람들의 관심이 쏠린 것이다. 여기까지는 우리의 예상대로다. 그런데 재미있는 것은 실제 구매로까지 이어지는 비율이었다.

스물네 가지 잼이 마련된 시식대에서는 3%의 고객만이 잼을 구매한 반면 여섯 가지 잼이 마련된 시식대에서는 30%의 고객들이 잼을 구매한 것이다. 이 실험의 의미하는 바는 무엇일까?

비슷한 선택사항이 한꺼번에 너무 많이 주어지면 고객들이 구매 결정을 포기한다는 사실이다. 이를 '선택의 역설'이라고 부른다. 너무 많은 정보와 선택지가 주어지면, 결정을 더 잘하게 될 것 같지만 실제로는 결정을 포기하게 되는 결과가 나오는 것이다.

더 많은 선택지는 더 큰 만족감으로 이어지지 않는다

마크 레퍼 교수와 쉬나 아이엔가 교수는 여기서 한 발짝 더 나아가 조금 다른 추가 실험을 했다. 여섯 가지 초콜릿과 삼십 가지 초콜릿을 비치하고 소비자들에게 두 개의 초콜릿을 시식하게한 것이다. 그들은 시식단에게 10점 만점으로 평가를 부탁했다.

그 결과 여섯 가지 초콜릿 시식대에서는 평균 6.25점이 나왔고 삼십 가지 초콜릿 시식대에서는 5.5점이 나왔다. 선택지가 더 많은 초콜릿에서 시식을 한 사람들의 만족도가 더 적게 나온 것이다. 이러한 결과는 단순히 상품을 구매할 때 결정하는 선택의 문제에 그치지 않는다. 우리는 하루에도 수도 없이 결정을 내린다. 더불어 수없이 많은 정보들을 접한다. 내게 필요한 정보와 필요하지 않은 정보들이 서로 뒤섞여 한꺼번에 나오는 통에 사람들은 이 방대한 정보 앞에서 혼란에 빠지고 마는 것이다.

많은 정보를 필요로 하지 않는 사람들

아울러 사람들은 더 이상 정보를 부족해하지 않는다. 사람들이 필요로 하는 것은 자신들에게 맞는 정보를 찾는 것이다. 그래서 정보 과잉의 시대에 큐레이션 능력은 앞으로 더욱 중요해질 것이다.

큐레이션은 미술관이나 박물관에서 작품을 수집 전시하는 일을 뜻하는 큐레이터에서 파생된 말로, 인터넷에서 원하는 콘텐츠를 수집해 목적에 따라 분류하고 배포하는 일을 의미한다. 이제 사람들은 자신에게 꼭 필요한 정보만을 받아보길 원하는 것이다. 이것저것 양만 많은 정보는 필요로 하지 않는다.

'핀터레스트'라는 소셜미디어 서비스는 사람들이 큐레이션에 얼마나 목말라하는지를 잘 보여준다. 핀터레스트는 자신이 좋아하는 이미지를 수집해서 다른 사람과 공유하는 서비스다.

자신의 취향에 맞는 옷이나 가구 등의 사진을 모아놓고 그것을 다른 사람들에게 보여줄 뿐이다. 그런데 이 서비스를 전 세계에서 4억 명 이상이 이용하고 있다. 넘쳐나는 사진 속에서 어떤 것을 봐야 할지 고민하기보다는 나와 비슷한 취향을 가진 다른 사람의 사진을 봄으로써 내게 필요한 정보만을 선택하는 것이다. 핀터레스트의 사례처럼 나만의 기준, 취향, 감성에 따라 정보를 분류해놓은 것만으로도 그것은 나의 콘텐츠가 된다. 정보가 넘쳐나는 이 시대에 사람들은 자신이 원하는 정보만을 분류하고 정리해서 보여주기를 원한다. 그것만으로도 충분히 새로운 창조가 일어나는 것이다.

정보를 골라주는 것의 가치

그렇다면 이미 존재하는 정보를 골라주는 것이 어떻게 새로운 콘텐츠로서 가치를 지니게 되는 것일까? 여기에는 큐레이션을 하면서 세 가지 과정이 일어나기 때문이다.

첫째는 재발견이다. 모든 상품은 누군가에 의해 기획되고 만들어지고 판매되는 것이다. 문제는 상품이 너무나도 많다 보니 사람들이 그 상품이 있는지조차 알 수 없다는 것이다. 따라서 가치가 있는 상품을 제대로 발견해내는 작업은 굉장히 중요하다. 자신만의 기준으로 빛을 보지 못한 상품을 재발견하는 데서 큐레이션은 가치를 가지게 된다.

둘째는 재배치다. 같은 상품이라도 사람마다 다른 기준으로 분류할 수 있다. 신문을 한번 살펴보자. 누군가는 경제가 가장 중요하다고 생각해서 경제 기사를 1면에 놓을 수 있고, 또 다른 누군가는 정치가 중요하다고 생각해서 정치 기사를 1면에 놓을 수 있다. 판매자의 기준과 소비자의 기준도 다를 수밖에 없다. 이처럼 같은 상품이라도 어떻게 분류하느냐에 따라 그 상품은 가치가 완전히 달라질 수 있다.

셋째는 재해석이다. 같은 상품이라도 해석을 어떻게 하느냐에 따라 완전히 다른 상품이 될 수 있다. 대표적인 예가 제조업체인 3M에서 개발된 잘 떨어지는 접착제다. 강력한 접착제를 개발하려다가 실패해서 나온 잘 떨어지는 접착제는 오늘날 포스트잇에 사용되어 많은 사람들에게 사랑받고 있다.

실패한 접착제가 성공적인 접착제가 될 수 있었던 것은 재해석의 힘이다. 따라서 독서를 통해 무언가를 만들어내려는 사람이라면 처음부터 너무 새롭고 독창적인 것에 집착할 필요가 없다. 세상에 떠다니는 수많은 정보들을 잘 수집하고, 편집하는 것만으로도 충분히 가치가 있기 때문이다. 그러니 무언가를 만든다고 해서 세상에 없던 것을 만들어야 한다는 압박감에서 벗어나자. 자신의 기준에 따라 잘 모으기만 해도 충분하다!

콘텐츠가 되는 정보 큐레이션의 유형 세 가지

그렇다면 큐레이션을 할 때는 어떤 기준을 가지고 하면 좋을까? 그 기준은 자신이 만드는 것이라 정답은 없지만 세 가지 정도의 기준이 많이 쓰인다.

취향 또는 관심사

먼저 자신의 취향이나 관심사에 따라 큐레이션을 하는 것이다. 가장 쉽고 누구나 할 수 있는 큐레이션 방법이다. 오로지 내 마음이 가는 대로 분류하면 된다. 자신의 취향이 다른 사람들과 다를수록 큐레이션은 독특함을 지닐 수 있을 것이다.

욕망

사람들이 가지고 싶어 하는 것을 큐레이션하는 것이다. 슈퍼카, 고급 아파트, 명품백 등이 그 예다. 사람들은 누구나 욕망을 가지고 있고 그 욕망을 충족시키고자 노력한다. 특히 가지기 어려울수록 그 욕망은 더 커진다. SNS에 수없이 올라오는 아름다운 해외 휴양지, 명품 가방, 비싼 음식 모두 그것을 가지고 싶어

하는 사람들의 욕망을 큐레이션한 것이다.

라이프스타일

사는 지역, 직업, 나이 등에 따라 삶의 모습이 달라질 수밖에 없다. 킨포크(kinfolk, 느리고 여유로운 자연 속에서 소박한 삶을 지향하는 현상)가 대표적인 사례다. 미니멀 라이프를 주제로 다양한 정보를 큐레이션한 킨포크는 같은 삶을 추구하는 사람들에게 많은 사랑을 받고 있다.

큐레이션은 결코 어려운 것이 아니다. 내가 경제 책을 좋아하면 경제 책에 대한 리뷰를 올리는 것도 큐레이션이 된다. 자신의 취향, 관심사, 욕망, 라이프스타일에 맞춰 마음 가는 대로 올리면 그 자체로 큐레이션이 될 수 있다. 따라서 읽은 것은 것을 새롭게 만들기 어렵다면 큐레이션부터 해보자. 큐레이션, 그것 자체만으로도 충분히 멋진 창조다.

05 내 콘텐츠가 되는 유니크를 만들어라

수많은 콘텐츠 사이에서 내가 만든 콘텐츠가 많은 사람들에게 사랑받기 위해서는 어떻게 해야 할까? 사람들이 내가 만든 콘텐츠를 찾을 이유를 만들어야 한다. 다른 콘텐츠에는 없는 그 무언가를 말이다. 세계적인 마케팅 구루(Guru, 자아를 터득한 신성한 교육자)인 세스 고딘은 그의 저서 《보랏빛 소가 온다》라는 책에서 리마커블(remarkable)이라는 단어를 강조한다.

그가 말하는 리마커블이란 얘기할 만한 가치가 있고, 주목할 만한 가치가 있고 예외적이고 새롭고 흥미진진한 것을 의미한다. 그래야만 수많은 상품들 사이에서 팔리는 제품이 될 수 있다는 것이다. 콘텐츠도 마찬가지다. 남들과 다른 리마커블한 것, 유니크한 것이 없으면 대중들로부터 선택받기 힘들다.

원할 수밖에 없는 콘텐츠를 만드는 법

그렇다면 유니크함을 만들려면 어떻게 해야 할까? 다른 사람이 가지고 있지 않은 나만의 유일한 무언가를 만들고 싶다면 유니크한 콘텐츠를 찾는 세 단계 방법을 따라 해보자.

1단계 : 시장을 살펴라

나만의 유니크한 콘텐츠를 찾기 위해 가장 먼저 해야 할 일은 내가 하려는 분야의 콘텐츠들을 살펴보는 것이다. 상대방을 알지 못하고 나를 차별화하는 것은 불가능한 일이다. 다른 사람들은 내가 하려는 주제를 어떻게 풀어내고 있는지, 사람들에게 인기 있는 형태의 콘텐츠는 어떤 것인지를 확인하는 것이 여기서 해야 할 일이다. 시장을 살펴보는 방법은 별로 어렵지 않다.

내가 하려는 콘텐츠의 키워드를 검색해보면 된다. 그렇게 나온 콘텐츠들을 유형별로 정리해보고 내가 할 수 있는 것과 할 수 없는 것, 그 콘텐츠에 대한 반응은 어떻게 나오는지를 보면서 시장에 대한 스터디를 해보자.

2단계 : 차별화 요소를 찾아라

기존의 콘텐츠들이 주로 어떻게 만들어졌고 어떤 유형의 콘텐츠가 인기 있다는 것이 파악되었다면, 처음에는 비슷하게 만들어본다. 앞서 말했던 모방을 하는 것이다. 물론 내가 어떤 콘텐츠를 따라 만든다고 해서 그 콘텐츠와 완전히 똑같게는 만들지 못할 것이다. 스타일이나 콘셉트를 비슷하게 참고해서 만들어보는 것이다. 그리고 콘텐츠의 반응을 살펴보자. 콘텐츠의 반응이 좋다면 그와 같은 방식으로 콘텐츠를 만들어나가면 된다.

문제는 비슷하게 만들었는데 콘텐츠에 대한 반응이 잘 오지 않을 때다. 아무리 잘 만든 짝퉁도 진품보다 나을 수 없기에 비슷하게 만든다고 해서 반응까지 잘 나오지는 않을 것이다. 그래서 우리는 차별화 요소를 고민해야 한다. 그래야 나만의 오리지널 콘텐츠가 완성될 수 있다.

3단계 : 근본적인 차이를 만들어라

어떻게 하면 남들과 다르게 할 수 있을까만을 고민하다 보면 차별화를 위한 차별화를 하게 된다. 무슨 말이냐면 자신은 다르게 한다고 했는데 정작 소비자들은 다르다고 인식하지 못하는 것이다. 그런 다름은 아무리 만들어도 그 콘텐츠를 소비하는 고객들이 차이를 느끼기 어렵다. 그래서 차별화를 할 때는 내가 하려는 차별화 포인트가 근본적인 차이를 만들어내는지를 고민해보아야 한다. 남과 다르기 위해서 일부러 다르게 하는 것은 결코 차별화가 되지 못한다.

예를 들면 붕어빵 장사를 하려는 A라는 사람이 있다고 해보자. 겨울에 붕어빵 장사가 잘된다는 사실을 안 A는 붕어빵 기계를 사서 얼른 붕어빵을 구울 생각을 한다. 그런데 막상 장사를 하려고 보니 이미 사람이 많은 곳에는 붕어빵 장사를 하는 사람이 너무 많았다. 그래서 A는 차별화를 떠올린다. 붕어빵의 비늘 무늬를 별 무늬로 바꾸자고. 비늘 무늬보다는 별 무늬의 붕어빵이 더 멋있으니까 A는 기존의 제품과 차별화가 될 것이라고 생각했다. 어떤가? 비늘 무늬의 붕어빵과 별 무늬의 붕어빵. 다르게 느껴지는가?

아마 같은 값이면 그냥 가까운 곳의 붕어빵을 사먹을 것이다. 붕어빵을 먹는 사람 입장에서는 비늘 무늬든 별 무늬든 똑같기 때문이다. 이런 것이 바로 차별화를 위한 차별화에 불과하다. 자신은 다르다고 느끼지만 정작 소비자는 똑같다고 느낀다.

고객을 쪼갤수록 콘텐츠의 차별화가 생긴다

그렇다면 근본적인 차이를 만들려면 어떻게 해야 할까? 근본적인 차이를 만드는 방법에는 여러 가지가 있지만 가장 먼저 해야 하는 것은 내 콘텐츠를 소비할 사람의 모습을 구체적으로 떠올려보는 것이다. 예를 들면 내 콘텐츠를 주로 보는 사람이 10대, 20대, 30대, 40대 등 어느 세대인지, 남자인지 여자인지, 학생인지 직장인인지 등을 구분하는 것이다.

10대 여학생을 대상으로 콘텐츠를 만드는 것과 40대 직장인 남성을 대상으로 하는 콘텐츠는 다르게 만들 수밖에 없기 때문이다. 우선 내 콘텐츠를 소비할 핵심 독자층을 분명하게 정하는 것이 좋다.

예를 들어 책 리뷰 콘텐츠를 만든다고 해보자. 10대 여학생들을 대상으로 콘텐츠를 만드는 사람은 연애소설을 보고 리뷰를 해야 할 것이고, 40대 남성 직장인을 대상으로 콘텐츠를 만드는 사람은 부동산 재테크 책을 보고 리뷰를 해야 할 것이다. 그래야 그들의 관심을 끌어 반응이 좋게 나올 것이다. 이처럼 누구를 대상으로 만들 것인지를 결정하는 것은 매우 중요하다. 그것이 정해져야 어떤 것을 주제로 할지, 어떻게 콘텐츠를 풀어나갈지 등 많은 것이 결정되기 때문이다.

'모든 사람들을 위한 콘텐츠를 만들 거야' 라든지 '내 콘텐츠는 모든 사람이 볼 거야'라는 막연한 생각은 굉장히 위험하다. 모두를 위한 콘텐츠는 존재하지도 않으며 모두를 만족시킬 수 있는 콘텐츠는 이 세상에 없기 때문이다. 그래서 콘텐츠 소비 대상의 범위를 좁혀나가야 한다. 내 콘텐츠를 소비하려는 사람을 구체화시키면 시킬수록 다른 콘텐츠들과의 차별화가 자연스럽게 일어나게 된다. 내 콘텐츠를 소비할 대상을 분명하게 만드는 것. 계속 범위를 좁혀나가는 것. 차별화의 시작은 여기서부터 이뤄진다.

사람들이 내 콘텐츠를 봐야 하는 이유는 무엇일까

'수없이 많은 콘텐츠 중에서 사람들이 내 콘텐츠를 선택해야 하는 이유가 있는가?' 이 질문에 답하지 못한다면 내 콘텐츠는 사람들에게 외면당할 것이다. 우리가 유니크를 이야기하고 차별화를 고민하는 것도 이런 이유에서다. 콘텐츠가 똑같으면 사람들이 보지 않기 때문이다. 우리가 사람들에게 '보아야 하는 이유'를 설명할 수 있을 때, 우리는 비로소 선택받을 수 있다.

넷플릭스가 어마어마한 돈을 들여 오리지널 콘텐츠를 만든 것도 이런 이유에서다. 이미 수없이 많은 채널과 콘텐츠들이 있는데 사람들이 굳이 넷플릭스에 가입해야 하는 이유가 있을까? 그래서 넷플릭스는 사람들에게 이유를 만들어주었다.

'우리가 만든 오리지널 콘텐츠를 보고 싶지 않니?'라고. 이렇게 만들어진 넷플릭스의 대표적인 오리지널 콘텐츠가 바로 '킹덤'이다. 실제로 많은 사람들이 이 '킹덤'이라는 드라마를 보기 위해 넷플릭스에 가입했다. 넷플릭스가 아니면 '킹덤'을 볼 수 없으니까. 이처럼 우리는 사람들에게 내 콘텐츠를 선택해야 하는 이유를 만들어주어야 한다. 그 이유가 유니크할수록 더 많은 사람들이 내 콘텐츠를 선택할 것이다.

나밖에 할수 없을 때 사람들은 나를 찾을 수밖에 없다. 당신이 만든 콘텐츠의 유니크는 무엇인가? 여기에 대한 답이 당신이 만든 콘텐츠가 얼마나 사랑받을지를 결정지을 것이다.

06 플랫폼 홍수, 콘텐츠 크리에이터의 시대가 온다

넷플릭스, 디즈니, 마블, 유튜브, 왓챠, 웨이브, 페이스북, 인스타그램, 틱톡, 네이버, 퀴비 등등 최근 몇 년 사이에 플랫폼 기업들이 급부상하기 시작했다.

시장의 주도권을 잡기 위해 저마다 막대한 투자를 쏟아 부으며 이용자 확보에 나서고 있다. 자신들의 플랫폼 이용자를 늘리기 위해 광고를 하는 것은 물론이고 다른 기업들과 합종연횡하며 치열한 경쟁을 하고 있다.

이런 플랫폼 기업들의 치열한 경쟁으로 덕을 보는 사람이 있으니 바로 콘텐츠를 만드는 크리에이터다.

새로운 인기 직업의 탄생, 콘텐츠 크리에이터

최근 몇 년 사이에 콘텐츠 크리에이터들은 새로운 직업군으로 급부상하기 시작했다. 그도 그럴 것이 플랫폼 비즈니스는 말그대로 승강장과 같은 역할을 하기 때문에 그 안에서 사람들이 모이게 할 만한 무언가가 필요하다.

수많은 플랫폼들이 생기면서 어떻게 사람들을 자신의 플랫폼으로 오게 할 것인가가 승자와 패자를 가르는 중요한 요소가 되었는데, 그게 인터넷 세계에서는 바로 콘텐츠다. 사람들이 환호성을 지르는 인기 콘텐츠 하나만 제대로 만들면 자연스럽게 그기업은 플랫폼 경쟁에서 승자가 될 수 있는 것이다. 이러한 플랫폼 전쟁으로 콘텐츠 크리에이터의 시대가 오고 있다.

이미 초등학생들의 장래희망 1순위 직업군으로 유튜버가 꼽힌다는 것은 더 이상 놀라운 뉴스가 아니다. 크리에이터들 중 일부는 이미 자신이 만들어낸 콘텐츠를 바탕으로 하나의 기업으로 사업을 성장시키는 데 성공했고, 스타 크리에이터의 경우에는 중소기업 못지않은 매출과 이익을 내고 있기도 하다.

2020년 5월 〈아주경제〉 기사에 따르면 국내에서 가장 많은 수익을 내는 것으로 알려진 '보람튜브'의 경우, 수익이 연 400억원 정도로 추정되며, 인기 유튜버의 월평균 수입은 웬만한 직장인의 수입보다 몇 배나 많다고 한다. 이렇게 콘텐츠만 만들어도 높은 수입을 얻을 수 있다는 사실이 알려지면서 크리에이터는 많은 사람들에게 선망의 직업이 되었다.

누구나 콘텐츠를 만들 수 있는 시대

사실 콘텐츠라는 것은 4차 산업혁명과 맞물리면서 생겨난 것이 아니다. 콘텐츠는 과거부터 쭉 존재해왔다. 우리가 보는 TV 프로그램도 콘텐츠고 라디오 프로그램도 콘텐츠다. 도서관에 꽂혀 있는 수없이 많은 책들도 모두 콘텐츠다. 그런데 최근 들어 사람들이 콘텐츠에 관심을 가지고 크리에이터라는 직업에 열광하는 것은 과거보다 크리에이터에 대한 진입장벽이 낮아졌기 때문이다.

이를테면 평범한 사람이 책을 한 권 써내는 것은 정말 어려운 일이다. 하지만 책을 쓰지 않으면 자신의 콘텐츠를 팔기도 더 어렵다. 방송국의 TV 프로그램도 마찬가지다. 영상을 찍는 것도 어렵지만, 방송국으로 송출시키는 것은 불가능에 가깝다. 하지만 이제는 아니다. 환경이 변했다. 이제는 꼭 책이라는 형태가 아니어도 자신의 글을 팔 수 있고, 공중파 방송국에 가지 않아도 내가 찍은 영상을 다른 사람들에게 보여줄 수 있게 되었다.

게다가 플랫폼 기업들이 수없이 많이 생기게 되면서 콘텐츠 확보 전쟁으로 콘텐츠에 대한 보상도 많아졌다. 그 이전까지는 자신의 콘텐츠로 먹고 산다는 것은 정말 어려웠는데 이제는 콘텐츠를 만든다는 것이 하나의 직업으로 인정받는 시대가 된 것이다. 이젠 콘텐츠만 잘 만들어도 변호사, 의사보다 더 많은 소득을 벌면서 인기를 누릴 수 있는 시대다. 이러한 이유로 콘텐츠 크리에이터들은 앞으로 점점 더 늘어날 것이다.

자신의 전문성을 바탕으로 그것을 콘텐츠화해서 부수적인 수입을 늘리는 것은 너무도 자연스러운 일이 될 것이다. 이미 개인이 가진 능력을 사고 팔 수 있는 시장이 형성되어 있으며, 사람들은 자신이 가진 능력을 콘텐츠화해서 다양한 형태로 팔고 있다. 강의를 한다든지, 1대1 과외를 한다든지, 업무를 대신해주기도 한다. 이 모든 것이 이런 재능들을 거래할 수 있는 플랫폼이 있기에 가능한 일이다. 앞으로도 더 다양한 플랫폼들이 등장해 더 많은 서비스들이 제공될 것이다.

치열한 플랫폼 경쟁, 스타 크리에이터의 탄생

여기서 한 가지 주목해야 할 것이 있다. 수없이 많이 생겨나는 플랫폼에서 각각의 스타들이 탄생한다는 점이다. 그 플랫폼을 통해 일반인의 상식을 뛰어넘는 수입을 벌어들이고 인기를 누리는 사람들이 그 플랫폼의 스타들이다. 그런 성공 모델이 있어야 그 사람을 보고 다른 사람들 역시 플랫폼에 참여하기 때문에, 스타의 탄생은 플랫폼의 성장에 매우 중요하다. 그래서 플랫폼 기업들은 이런 스타들을 만들려고 많은 노력과 지원을 아끼지 않는다. 내가 가진 콘텐츠만 훌륭하다면 굉장히 좋은 조건으로, 빠르게 성장할 수 여건이 만들어져 있는 것이다.

게다가 콘텐츠를 만드는 데는 큰 비용이 들지도 않는다. 가게를 임대할 필요도 없고 막대한 돈을 들여 리모델링을 할 필요도 없다. 그저 내가 만들 콘텐츠에 필요한 장비들만 있으면 누구나 쉽게 크리에이터가 될 수 있다. 이런 쉬운 접근성은 앞으로 더 많은 사람들이 크리에이터로서 자신이 가진 콘텐츠를 팔 것으로 예상되는 이유 중 하나다.

정규직이 사라지고 프리랜서의 시대가 온다

세계적인 미래학자 토머스 프레이는 앞으로 정규직 일자리는 점점 사라지고 프리랜서와 같은 계약직 일자리가 대폭 늘어날 것으로 전망하면서, 각 개인들은 스스로의 능력을 정량화하고 가치를 충분히 인정받을 수 있도록 대비해야 한다고 조언했다.

이는 곧 지금까지는 내가 누구인지를 설명할 때 어디에 다닌다고 하거나 무슨 일을 한다고 하면 그것으로 내 능력과 가치를 인정받을 수 있었지만, 이제부터는 내가 무엇을 할 수 있는지를 보여줄 수 있어야 한다는 것이다. 그것은 다른 말로 하면 내 콘텐츠를 보여줄 수 있어야 한다는 의미다.

내가 한식을 요리할 수 있는지, 와인을 잘 아는지, 회사에서 쓰는 프로그램을 잘 다룰 수 있는지를 자격증으로 증명하는 것이 아니라 그것을 콘텐츠로 보여줄 수 있어야 한다는 것이다. 앞으로 세상은 당신의 직장도, 직업도 묻지 않을 것이다. 그 대신 당신의 콘텐츠를 물을 것이다. 그 콘텐츠를 보여줄 수 있는 충분한 세상이 펼쳐졌기 때문이다.

내 콘텐츠에 적합한 07
플랫폼을 찾는 법

콘텐츠를 만들어보기로 했다면 만드는 것만큼이나 고민해야 할 것이 어디에 올릴 것이냐. 어느 플랫폼을 선택하느냐에 따라 같은 콘텐츠라도 그 결과가 달라지기 때문이다. 수많은 플랫폼들은 자신들만의 독자층을 가지고 있다.

어떤 플랫폼은 10대가 많이 사용하고 어떤 플랫폼은 40대가 많이 사용한다. 그리고 올라가는 콘텐츠의 형태도 모두 다르다. 글이 필요한 플랫폼이 있고 이미지가 필요한 플랫폼도 있다. 영상을 올려야 하는 플랫폼도 있다. 또 같은 이미지를 올리는 플랫폼이라도 필요한 이미지의 크기가 다르다. 그래서 콘텐츠를 만들기 전에 내가 어떤 플랫폼에 내 콘텐츠를 올릴 것인지 일단 정해야 한다. 그 플랫폼에서 요구하는 규격에 맞춰 콘텐츠를 제작해야 내가 만든 콘텐츠가 잘 나올 수 있기 때문이다.

나에게 맞는 콘텐츠는 무엇인가

일단 나만의 콘텐츠를 만들기로 결심한 사람이라면 자신이 만들려는 콘텐츠의 형태를 정하고 콘텐츠 유형에 따라 적합한 플랫폼을 정해야 한다.

일반적인 콘텐츠 유형, 글

글은 누구나 손쉽게 쓸 수 있는 콘텐츠의 가장 기본이 되는 형태다. 그래서 글만 잘 써도 훌륭한 콘텐츠가 될 수 있고, 쓴 글을 활용해 이미지나 영상을 만들 수도 있다. 이러한 글을 기반으로 하는 콘텐츠를 만들려는 사람에게 추천하고픈 플랫폼은 크게 두 가지다.

네이버 블로그

네이버는 우리나라에서 가장 많은 사람들이 사용하는 인터넷 회사다. 네이버에서 운영하는 서비스 중 블로그는 간단히 말해 내 홈페이지라고 생각하면 이해가 쉽다. 블로그 안에 게시판을 만들어 글, 이미지, 영상을 쉽게 올릴 수 있다. 글을 중심으로 글 중간중간에 이미지와 영상을 넣을 수 있게끔 되어 있다. 블로그에서 작성된 내 콘텐츠는 네이버를 통해 검색이 되기 때문에 많은 사람들이 내가 쓴 글을 볼 수 있다는 장점이 있다.

내가 만든 콘텐츠를 많은 사람들이 본다는 것은 콘텐츠를 만드는 사람에게 큰 힘과 동기부여가 된다. 네이버를 이용하는 사람들이 많기 때문에 가능한 일이다. 따라서 처음으로 내가 콘텐츠를 봐야겠다고 생각하는 사람이 이용하면 좋은 플랫폼이다. 자신과 같이 처음 시작하는 사람들을 많이 만나서 함께 성장해 나갈 수 있기 때문이다. 또 올리는 콘텐츠의 주제와 형식에 제한이 없기 때문에 굉장히 자유롭게 나의 콘텐츠를 만들 수 있다.

카카오 브런치

카카오 브런치는 글을 쓰는 사람들을 위한 전문 플랫폼이다. 서비스를 살펴보면 정말 글을 잘 쓸 수 있도록 많은 노력을 기울인 흔적을 느낄 수 있다. 네이버 블로그 같은 경우에는 사진, 영상 등도 잘 배치해야만 하나의 완성도가 있는 콘텐츠가 되기 때문에 글 외적인 것에도 신경을 쓸 것이 많다.

하지만 카카오 브런치는 글 쓰는 것 외의 기능을 최소화시켜 글을 쓰는 데에만 집중할 수 있도록 했다. 그래서 글 쓰는 것을 좋아하는 사람들에게 많이 사랑받는 플랫폼이다. 하지만 글을 아무나 쓸 수 없다는 단점이 있다. 신청만 하면 누구나 콘텐츠를 만들어 올릴 수 있는 네이버 블로그와 달리 일정한 심사를 통과한 사람에게만 글을 쓸 수 있는 자격이 주어진다.

심사를 신청할 때는 내가 쓰고 싶은 글을 설명하고 실제로 쓴 글을 함께 제출해야 해서, 막연하게 시작해볼까라는 마음으로는 심사를 통과하기가 쉽지 않다. 열 번 넘게 신청해 합격한 사람도 있다고 하니 참고하자. 이렇게 까다롭게 심사하기 때문에 브런치에는 정말 양질의 글들이 많이 올라온다. 다만, 네이버 블로그보다는 이용자 수가 많지 않기 때문에 내가 쓴 글에 대한 반응은 다소 약할 수도 있다.

하지만 출판사 편집자들이 좋은 작가를 찾고자 수시로 살펴보는 애플리케이션이니 정말 좋은 글을 쓴다면 책 출간으로까지 이어질 수 있다. 다른 것에 신경 쓰지 않고 오로지 글로만 좋은 콘텐츠를 만들고 싶다면, 카카오 브런치는 좋은 선택지가 될 수 있다.

직관적인 콘텐츠, 이미지

과거에는 셀카나 음식을 찍은 사진들이 콘텐츠로 만들어졌지만 요즘은 이미지에 글을 결합한 '카드뉴스'라는 형태의 이미지 콘텐츠가 많이 이용된다. 커다란 이미지 하나에 거기에 맞는 텍스트를 붙여 독자들의 이해를 빠르게 돕는 것이다.

긴 글을 읽는 것이 부담스럽고 어려운 사람에게 카드뉴스 형태의 이미지 콘텐츠는 짧고 가볍게 지식과 정보를 얻을 수 있는 좋은 콘텐츠다. 이런 이미지와 글이 결합된 카드뉴스 형태의 콘텐츠를 올릴 수 있는 플랫폼은 크게 두 가지다.

인스타그램

인스타그램은 전 세계적으로 가장 많이 쓰는 이미지 기반 플랫폼이다. 초기에는 잘생기고 예쁜 사람들의 얼굴이 주된 콘텐츠를 이뤘으나 점점 사용자들이 늘어나면서 패션, 맛집 등으로 분야가 다양해졌다. 인스타그램에는 1080px×1080px 크기의 정사각형 이미지에 맞춰 콘텐츠를 만들어야 내가 만든 대로 잘리는 곳 없이 콘텐츠가 업로드된다. 그리고 게시물을 업로드할 때 한 번에 총 열 장의 사진을 올릴 수 있으며, 두껍고 어려운 책의 내용을 쉽고 직관적인 이미지와 함께 요약해주기 때문에 책 읽을 시간이 없는 사람들에게 인기가 많고 콘텐츠의 소비 속도 역시 빠르다.

특히 1020 여성들이 많이 사용하는 애플리케이션이니 그들이 좋아하는 책을 잘 선택해 콘텐츠로 만든다면 반응이 좋을 것이다.

네이버 포스트

네이버 포스트는 네이버 블로그와 비슷한 서비스다. 블로그에는 주로 일상적인 콘텐츠들이 많이 있다면 포스트는 보다 전문적인 글들을 쓸 수 있도록 만든 서비스다. 그래서 포스트보다는 블로그를 이용하는 사람들이 더 많기는 하지만 이미지를 중심으로 한 카드뉴스 형태의 콘텐츠를 만들고 싶다면 포스트를 이용해 볼만하다. 왜냐하면 네이버 포스트에는 카드뉴스 형태로 콘텐츠를 작성할 수 있는 기능이 들어 있기 때문이다.

카드뉴스 형태의 콘텐츠를 선택하면 콘텐츠 크리에이터의 입장에서 이용할 사진을 선택하고 바로 글을 작성하면 별도의 프로그램 없이 멋진 카드뉴스를 쉽게 발행할 수 있다.

가장 뜨고 있는 유형, 영상

유튜브를 통해 전 연령층이 영상을 소비하는 시간이 급증했으며 '유튜버'라는 직업군이 생길 정도로 콘텐츠 크리에이터에 대한 보상도 많아 많은 사람이 영상을 만들고 있다. 그래서 영상을 콘텐츠로 만들 거라면 유튜브에 영상을 올리면 된다. 책을 바탕으로 영상 콘텐츠를 만드는 방법은 여러 가지만 있지만 최근의 북튜버들을 살펴보면 크게 두 가지 유형으로 나뉜다.

첫 번째 유형은 책을 읽고 책의 내용을 짧게 요약해주는 것이다. 가장 일반적인 형태다. 책만 읽으면 누구나 쉽게 만들 수 있다. 크리에이터의 매력과 함께 핵심만 짧고 재미있게 전달해주는 것이 중요하다. 두 번째 유형은 낭독을 하는 콘텐츠다. 책의 내용을 내 목소리로 읽어주는 것이다. 책의 원문을 듣기 좋은 목소리로 읽어주니 책을 좋아하는 사람들에게 인기가 많다. 조용한 환경에서 명확한 발음으로 실수 없이 읽어야 한다는 것이 힘들 수도 있지만, 책만 잘 읽으면 되기에 다른 콘텐츠에 대한 고민을 할 필요가 없다.

반드시 고민해야 하는 지속가능성

콘텐츠의 유형은 위에서 살펴본 것처럼 크게 세 가지다. 이 중에서 내게 적합한 콘텐츠 유형을 선택해서 플랫폼을 선택하면 된다. 그래도 어떤 콘텐츠를 어디에 올려야 할지 모르겠다는 사람이 있다면 나는 '지속가능성'을 고민해보라고 이야기해주고 싶다. 내가 만든 콘텐츠가 처음부터 확 뜰 확률은 높지 않다. 그렇기 때문에 콘텐츠를 몇 번 만들다가 그만두는 경우가 너무 많다.

처음에 너무 힘을 줘서 콘텐츠를 잘 만들려고 하다 보니 쉽게 지치게 되는 것이다. 포기하면 거기서 끝이 난다. 그러니 조금 힘을 빼고 지속적으로 오래 하는 데 초점을 두자. 그러다 보면 내 콘텐츠가 하나둘 쌓이면서 어느 순간 내 팬들도 생기고 많은 사람들에게 사랑받게 크리에이터가 될 수 있을 것이다.

08 독자를 구독자로 만들어라

　콘텐츠를 만들어서 플랫폼에 올리는 콘텐츠 크리에이터가 되었다면, 이제는 독자와 구독자를 구분해야 한다. 독자는 말 그대로 내 콘텐츠를 보는 사람이다. 처음에는 이 독자를 모으는 것도 쉽지 않다. 이 세상에는 너무나 많은 콘텐츠들이 있어서 웬만한 콘텐츠들은 눈에 띄지도 못한 채 사라지기 때문이다. 그래서 일단 독자를 늘려나가는 것은 중요하다.

　하지만 독자를 늘리는 것이 목표가 되어서는 안 된다. 우리는 독자를 구독자로 만드는 것을 목표로 해야 한다. 얼핏 보면 독자와 구독자는 비슷해 보이지만 이 둘을 모으는 방법은 완전히 다르다는 것을 알 필요가 있다.

순간의 관심만 끌면 모을 수 있는 독자

먼저 독자를 많이 모으는 것이 목표라고 해보자. 독자를 많이 모으기 위해서는 제목이 중요하다. 최대한 자극적인 제목으로 사람들의 관심을 끌어서 클릭을 유도하기 때문이다. 이를 전문 용어로 어그로라고 한다.

어그로는 관심을 끌고 분란을 일으키기 위해서 인터넷 게시판 따위에 자극적인 내용을 올리거나 악의적인 행동을 하는 것을 말한다. 어쩌면 제목뿐만 아니라 내용까지 자극적으로 만들 수도 있겠다. 잔인하거나 끔찍하거나 성적인 것 등. 사람들의 말초신경을 자극하는 콘텐츠를 만들면 조회수는 급증할 것이다. 지극히 무미건조한 제목과 콘텐츠보다는 말이다. 그래서 단순히 독자를 많이 모으는 것이 목표라면 자극적인 콘텐츠를 많이 만들게 된다. 그런데 그런 어그로를 끈 콘텐츠를 본 사람들은 콘텐츠에 대해 만족할까?

아마 대부분의 사람들은 어그로에 낚였다는 생각을 하면서 두 번 다시 그 콘텐츠를 보지 않을 것이다. 그렇게 내가 만든 콘텐츠를 두 번 다시 보지 않는 사람들이 늘어나면 내 콘텐츠는 시간이 갈수록 외면받게 될 것이다.

지속적인 고민을 통해 모을 수 있는 구독자

반면에 구독자를 많이 모으는 것을 목표로 하는 것은 독자를 모으는 것과 많이 다르다. 구독자를 모으는 것을 목표로 하는 크리에이터라면 그저 관심을 끌기 위해 자극적인 제목과 내용으로 어그로를 끄는 행위는 최대한 자제할 것이다. 그런 콘텐츠는 독자들의 관심을 순간적으로 끌 수는 있어도 지속적으로 보진 않는다는 사실을 알고 있기 때문이다. 결국 독자들이 찾지 않으면 콘텐츠 크리에이터는 생존할 수 없다. 그렇다면 구독자를 모으기 위해서는 어떻게 해야 할까?

독자들이 구독자가 되는 과정을 살펴보면, 우리가 어떻게 콘텐츠를 만들어나가야 하는지를 알 수 있다. 독자들은 어떤 콘텐츠를 보고 마음에 들었다고 해서 바로 구독자가 되지 않는다. 일단 그 콘텐츠를 보고 지나쳤다가 지속적으로 그와 관련된 콘텐츠를 몇 번 더 본다. 그리고 그러고 나서야 그 콘텐츠를 발행하는 채널을 찾아가 본다. 그 채널에 올라오는 전반적인 콘텐츠를 쭉 살펴본 다음에 그 채널에 올라오는 콘텐츠들이 내게 도움이 될 것 같으면 그때 비로소 구독을 하게 된다. 즉 일시적으로 관심을 끄는 콘텐츠보다 자신에게 관심 있는 양질의 콘텐츠가 올라온다는 것이 확인되어야 구독을 누른다는 의미다.

구독자를 모으는 최고의 방법, 결국 콘텐츠

그러면 여기서 구독자를 모으기 위해서 해야 할 일이 나온다. 양질의 콘텐츠를 만들어 꾸준히 발행하는 것. 이것을 반복하면 자연스럽게 콘텐츠가 알려져 구독자가 늘어나는 것이다. 콘텐츠의 반응이 없다는 이유로 자극적인 주제로 콘텐츠를 만들거나, 채널의 성장이 자신의 생각보다 느리다는 이유로 지나친 어그로를 사용해서는 안 된다. 이러한 행위는 일시적으로 독자는 늘릴 수 있어도 장기적으로 구독자는 모을 수 없기 때문이다.

구독자를 모으기 위해서는 콘텐츠의 결이 중요하다. 콘텐츠의 결이란, 한 채널에 올라오는 콘텐츠들의 일관된 통일성이라고 생각하면 된다. 같은 책을 가지고 콘텐츠를 만들어도 그것을 풀어내는 방식은 크리에이터마다 다르다.

각각의 콘텐츠에는 크리에이터의 스타일이 묻어난다. 그 스타일은 크리에이터 고유의 것으로 쉽게 모방하기 어렵다. 독자가 구독자가 되는 포인트는 바로 이 콘텐츠의 결에 있다. 내가 만들어내는 콘텐츠의 결이 트렌드를 잘 반영하고 독자들이 열광하는 것이라면 구독자 수는 빠르게 늘어날 것이고 그 반대라면 구독자가 늘지 않을 것이다.

완성도가 높은 콘텐츠일수록 그 결이 뚜렷하고 분명하게 드러나면서 콘텐츠의 메시지를 잘 살려준다.

구독자의 숫자가 중요한 이유

어떤 사람은 이렇게 물을 수도 있겠다. 독자들이 많으면 되지 구독자가 많은 게 뭐 중요하냐고. 구독자가 많은 채널도 조회수가 잘 안 나오는 경우가 많다면서 말이다. 그렇다. 사실 이제는 내가 구독하는 채널에서 올라오는 콘텐츠를 다 보지 않는 시대가 되었다. 채널들이 너무 많이 생겨나서 구독하는 채널만 해도 수도 없이 많다 보니 각 채널에서 올라오는 콘텐츠들을 모두 본다는 것이 어려워진 것이다. 그러다 보니 구독자의 수가 예전만큼 중요하지는 않게 되었는데 그럼에도 불구하고 나는 여전히 구독자 수는 중요하다고 생각한다.

여기에는 크게 두 가지 이유가 있다. 구독하고 있는 채널의 콘텐츠조차 보지 않는 시대지만 그래도 구독한 채널의 콘텐츠를 볼 확률이 그렇지 않은 콘텐츠보다는 높다. 과거보다는 구독자 수와 조회수 간의 상관관계가 낮아지긴 했지만 그럼에도 여전히 그 상관관계는 유효하다. 독자와 크리에이터 간에는 없지만 구독자와 크리에이터 간에는 있는 무언가가 있기 때문이다.

독자와 크리에이터의 관계는 그저 콘텐츠 소비자와 콘텐츠 생산자의 관계일 뿐이다. 하지만 구독자와 크리에이터의 관계는 가족과 같다. 그들은 정체성을 동일시하는 동질감이 있다. 서로의 취향과 관심사가 같다는 데서 애틋한 애정이 생긴다.

크리에이터는 결국 구독자가 먹여 살린다

천 명의 팬을 가진 예술가는 굶어죽지 않는다는 말이 있다. 기본적으로 예술가는 배고픈 직업이기에 경제적으로 어려움을 많이 겪지만, 자신을 사랑해주는 천 명의 팬이 있으면 그들이 조금씩만 도와줘도 예술가는 충분히 살아갈 수 있다는 의미다. 크리에이터도 마찬가지다. 눈앞의 조회수에 연연하면 당장은 높은 관심을 받을 수도 있다. 하지만 딱 거기까지다. 그렇게 콘텐츠가 소비되는 것으로 끝나고 말 것이다.

크리에이터는 결코 혼자 살아남을 수 없다. 자신의 콘텐츠를 보고, 사랑해주고, 아껴주는 사람들이 있기에 존재할 수 있는 것이다. 따라서 나를 사랑해주는 구독자를 많이 만드는 것을 목표로 해야 한다. 그들이 내가 콘텐츠를 지속적으로 만들 수 있게 도와줄 것이고 혼자서는 하지 못할 일들을 가능하게끔 만들어줄 것이기 때문이다.

3장

독자에서 작가가
되어보자

읽다 보면 쓰고 싶어진다 01

책을 많이 읽다 보면 책의 수준이 보이기 시작한다. 커피를 처음 먹어보는 사람에게는 스타벅스에서 파는 커피나 이디야에서 파는 커피나 모두 비슷한 맛으로 느껴지겠지만 커피를 많이 먹어본 사람에게는 그 커피 맛의 차이가 느껴지기 시작한다.

책도 똑같다. 처음 책을 읽을 때는 모든 내용이 신기하고 새롭게 느껴지지만 같은 주제에 대해서 비슷한 책들을 읽다 보면 책의 내용이나 수준이 느껴지기 시작한다. '이 책은 초보자를 위해 쓴 책이네', '이 책은 다른 책에는 담겨 있지 않은 이야기가 들어 있네', '이 책은 다른 책에 나온 내용이랑 비슷한 것 같은데?' 등과 같이 말이다.

'이 정도면 나도 쓸 수 있겠는데'라는 자신감

내가 스물네 살이었던 어느 날의 이야기다. 그날도 변함없이 학교 도서관에서 내가 읽고 싶은 분야의 책을 잔뜩 쌓아놓고 독서를 하고 있었다. 어떤 책인지는 잘 기억이 나지 않지만, 책을 읽어가면서 이 정도라면 나도 쓸 수 있겠다는 생각이 들었다.

책에 적힌 내용들이 내가 다 알고 있던 내용들이었고, '나라면 이렇게 쓸 것 같은데 왜 이렇게 어렵게 썼지?'라는 생각이 솟구쳤다. 그렇게 나도 책을 한 권 써보겠다는 결심을 하게 되었다. 물론 '책을 쓸 수 있을 것 같다'와 '책을 쓰는 것'은 완전히 다른 일이다. 책쓰기는 생각보다 많은 시간과 노력이 필요하기 때문이다. 하지만 그때의 결심으로 나는 현재 두 권의 책을 쓴 작가가 되었다.

쓰고 싶어지는 본능을 대하는 세 가지 방법

처음부터 내가 작가가 되겠다는 꿈을 가지고 있었던 것은 아니었다. 나는 대학교에서 1전공으로 경영학을 전공했으며 복수 전공으로도 국문학을 공부하지 않았다.

그저 책을 읽다 보니 나도 쓸 수 있겠다는 생각이 들기 시작했고 그렇게 나는 나의 책을 출간했다. 내가 여기서 하고 싶은 말은 '책을 써라'라는 말이 아니다. 다만 책을 많이 읽다 보면 자연스럽게 책에 대한 아쉬움이 보인다는 이야기다. 그 아쉬움이란

'나라면 이 내용을 이렇게 더 쉽게 쓸 수 있을 텐데'라든가, '이 내용은 독자들에게 꼭 알려줬을 텐데'와 같은 것들이다. 그 책에 담기지 않은 부족한 부분이랄까. 그 결핍은 내가 직접 써보자는 욕망으로 자연스럽게 발전하게 된다. 그리고 그렇게 쓰고 싶은 욕구가 솟아오를 때, 우리는 세 가지 선택을 할 수 있다.

솟아오르는 쓰기에 대한 욕구를 외면하는 것

책쓰기 욕구에 대한 생각을 '나라면 이것보다 잘 쓸 것 같은데?', '이 정도는 나도 쓸 수 있을 것 같은데?' 딱 이 정도만 하는 것이다. 생각만 할 뿐 쓰지 않는다. 책에 대한 아쉬움을 가진 채, 그 부족함을 채워줄 다른 책을 읽는다거나 '내 주제에 무슨 책을 써'와 같은 생각을 하면서 욕구를 잠재우는 것이다.

보통 '나중에 더 준비가 되면 그때 쓰자'라는 말로 자신과 타협한다. 물론 책을 쓸 수 있는 욕구만으로 책을 쓸 수 있는 것은 아니지만 결국 나의 글을 쓰고 싶다는 욕망은 절대 사라지지 않을 것이기에 개인적으로는 추천하고 싶지 않다.

책을 쓰기로 결심하는 것

현재 출간되어 있는 책보다 더 나은 글을 쓸 수 있다면 당연히 내가 쓴 글은 책으로 출간될 가능성이 높을 것이다. 하지만 생각 속에서 쓰는 것과 실제 쓰는 것은 다르다. 글쓰기를 많이 해본 사람이 아니라면 책쓰기가 어려울 수 있다.

특히 한 권의 책이 되기 위해서는 A4 기준으로 백 장 정도 분량의 글을 써야 하는데 하나의 주제로 이 정도의 분량을 쓴다는 것은 하루아침에 가능한 일은 아니다. 하지만 평소에 자신이 쓰고 싶은 글의 주제와 내용이 어느 정도 정리가 되어 있다면, 충분히 해낼 수 있다. 조급하게 마음을 먹지 않고 하나하나 써보자. 불가능한 일은 결코 아니다.

자신의 글을 다양한 플랫폼에 쓰는 것

SNS에 당장 글을 쓴다고 해서 책이 되는 것은 아니지만, 그 글들이 모이면 책이 될 수 있다. 더군다나 내가 쓴 글을 하나하나 올릴 때마다 그 글을 읽는 사람들에게 즉각적으로 피드백을 받을 수 있다. 네이버나 카카오에서 운영하는 SNS 플랫폼을 이용하는 경우, 내가 쓴 글이 메인화면에 올라가 수십만 명의 사람들에게 읽히는 기분 좋은 경험을 할 수 있을지도 모른다.

처음부터 책을 쓴다고 한다면 자칫 부담감에 짓눌려 시작도 하지 못할 가능성이 높지만 내가 쓰고 싶은 글을 하나 써본다는 생각으로 SNS에 글을 쓴다면 시작이 훨씬 더 쉬워질 것이다.

이 세 가지 선택지 중에 어떤 것을 선택하고 싶은가? 글을 잘 쓰지 못한다는 핑계를 대며 내 안의 욕망을 애써 누를 것인가? 우리가 가진 표현에 대한 욕구는 지금으로부터 무려 5만 년 전부터 DNA에 새겨져 있는 본능이다. 따라서 무언가 쓰고 싶다는 욕구가 들었다면 그 욕구는 지극히 자연스러운 것이다. 그러니 어떻게든 그 욕구를 풀었으면 한다. 쓴다는 것이 부담스럽고 아예 쓰지도 못할 것이었으면 그런 욕구조차 들지 않았을 것이다. 사자가 아무리 배가 고파도 풀을 먹고 싶다는 욕구는 들지 않듯이 말이다. 충분히 쓸 수 있기에 쓰고 싶다는 생각이 드는 것이다.

처음엔 가벼운 글쓰기부터 써보자

나도 네이버 블로그에 하나씩 쓰기 시작했고 그 글들을 좋아해주는 사람들이 늘어가면서 책을 낼 수 있었다. 책을 쓴다는 것이 그저 막연하게만 느껴진다면, 자신의 글을 SNS에 정기적으로 써볼 것을 권하고 싶다. 처음부터 너무 거창하게 '내 책을 낼 거야' 하고 글을 쓰기 시작하면 금방 포기하기 쉽다. 하지만 SNS에 글을 하나 쓰는 것은 별로 어렵지 않다. 언제 어디서든 누구나 큰 부담 없이 글을 쓸 수 있다.

만약 SNS에 자신을 노출시키는 것이 두렵다면 닉네임을 하나 만들어서 자신의 신분을 숨기는 것도 얼마든지 가능하다. 실제로 많은 사람들이 필명을 정해서 자신의 글을 쓰고 있다. 그러니 특정 분야의 책을 많이 읽어 어느 정도 실력이 쌓이고, 기존의 책들만큼 나도 쓸 수 있겠다는 생각이 들기 시작하면 자신감을 가지고 한번 써보자.

읽기와는 또 다른 재미를 가져다줄 것이다. 창작의 즐거움이

랄까. 그뿐만 아니라 글을 쓰는 것은 책을 더 많이 읽게 되는 긍정적인 선순환도 만들어낼 수 있다.

누군가가 자신의 글을 본다고 생각하면 당연하게 여기던 것들도 다시 한 번 확인하고, 새로운 사례들을 가지고 남들이 이야기하지 않은 참신한 지식과 정보를 주려고 노력하게 되기 때문이다. 그러니 책을 막 읽다가 어느 순간 쓰고 싶다는 생각이 들었다면 한번 써보자. 쓴다는 것 자체만으로도 나의 읽기가 새롭게 다가올 것이다.

네이버 블로그에 나의 글을 쓰는 법 02

대한민국에서 사람들이 가장 많이 사용하는 SNS 중 하나인 네이버 블로그는 네이버 아이디만 있다면 누구나 제한 없이 블로그를 개설해서 글을 쓸 수 있다. 네이버 블로그는 타 서비스보다 압도적으로 많은 이용자 수가 가장 큰 특징인데, SNS 플랫폼의 특성상 이용자 수가 많은 서비스일수록 그 파급력은 기하급수적으로 커진다.

이용자 수가 많다는 것은 장점이기도 하고 단점이기도 하다. 먼저 장점은 내가 쓴 글이 다른 사람들의 주목을 받을 확률이 높다. 같은 글을 쓰더라도 네이버 블로그에 쓰면 조회수나 댓글들이 더 높게 나온다.

반면에 단점은 그만큼 경쟁이 치열하다는 것이다. 이용자 수가 많다는 것은 그만큼 글을 보는 사람뿐만 아니라 글을 쓰는 사람들도 많다는 것을 의미한다. 우리가 보는 화면은 PC 모니터나 스마트폰 크기로 제한적이기 때문에 모든 글들이 메인화면에 노출될 수 없다. 따라서 내 글이 선정되어 많은 사람에게 노출될수 있는가는 네이버 블로거들에게 중요한 이슈가 된다. 내가 쓴 글이 노출된다면 파급력이 크기 때문이다.

흔히 파워블로거라고 불리는 사람들은 자신들이 쓴 글이 많은 사람이 볼 수 있는 메인화면에 잘 노출되는 사람을 일컫는다. 그래서 네이버 블로그에 글을 쓰고자 한다면 어떻게 해야 내가 쓴 글이 많은 사람에게 읽힐 수 있을까를 늘 고민해야 한다. 좋은 글일수록 노출이 될 가능성이 높고, 그 결과 다양한 기회들이 오기 때문이다.

네이버 블로그의 좋은 글에는 무언가가 있다

그렇다면 좋은 글이란 무엇일까? 맞춤법이 잘 맞고, 잘 읽히고, 인사이트가 느껴지는 공감 가는 글일까? 물론 이런 글이 좋은 글이다. 하지만 네이버 블로그는 SNS 플랫폼이라는 것을 늘 기억해야 한다. 네이버 운영자가 일일이 올라오는 모든 글을 읽고 좋은 글인지를 판단하는 것은 불가능하다.

하루에도 수없이 많은 글들이 올라오기 때문이다. 그래서 네이버에서는 일정한 기준에 맞춰 좋은 글과 나쁜 글을 AI를 이용하여 구분해내고 있다. 이 기준에 맞춰 글을 써야 일단 스팸이라든지 나쁜 글로 분류되지 않는다. 맞춤법이 잘 맞고, 잘 읽히고, 인사이트가 느껴지는, 공감 가는 글을 쓰는 것은 일단 AI기준을 통과한 그다음의 문제다.

그렇다면 네이버 블로그에서 좋은 글을 쓰려면 어떻게 해야 할까? 아니, 어떻게 해야 네이버 AI 시스템에 의해 좋은 글로 판정을 받고 나의 글이 메인화면에 노출될 수 있을까?

내 글에 맞는 블로그 주제 선택을 해야 한다

네이버 블로그를 개설할 때 보면 블로그의 주제를 설정하게끔 되어 있다. 엔터테인먼트·예술, 생활·노하우·쇼핑, 취미·여가·여행, 지식·동향이라는 네 가지 대분류 아래 서른두 가지의 세부 주제들이 있다. 이 주제들 중에서 내가 쓰려는 글에 대한 주제에 맞춰 선택을 하는 것이 좋다.

네이버는 기본적으로 신변잡기적으로 모든 분야에 대해 글을 쓰는 것보다는 하나의 주제에 전문성 있고 가치 있는 글을 쓰는 블로그를 우대하고 있다. 그래서 내가 글을 쓸 분야에 대해 설정을 하고 거기에 맞춰 지속적으로 글을 쓰면 좋은 블로그로 평가받을 가능성이 더 높아진다.

좋은 글의 의미를 이해하고 있어야 한다

네이버 블로그에 나의 글을 쓰는 것은 우리가 일기장에 글을 쓰는 것과는 다르다. 왜냐하면 기본적으로 SNS에 글을 쓴다는 것은 내 글을 사람들이 많이 봐줬으면 하는 마음이 있기 때문이다. 네이버 블로그에 올린 나의 글을 아무도 보지 않기를 원한다면 비공개로 쓰면 된다. 하지만 공개적인 글을 쓰겠다고 하는 순간 우리는 네이버 블로그에서 말하는 좋은 글이란 무엇인지 고민을 해보아야 한다.

일반적으로 좋은 글이라고 하면 읽는 데 어려움이 없고 유익한 정보를 담고 있으며 아울러 감동까지 준다면 더할 나위 없을 것이다. 하지만 네이버 블로그에서도 그럴까?

네이버에서는 '검색 알고리즘'이라는 방법으로 그 글이 좋은 글인지 나쁜 글인지를 가려낸다. 우리가 네이버에 검색어를 쳤을 때, 나오는 검색 결과물을 선정하는 기준 같은 것이라 생각하면 쉽다. 네이버에서는 검색 알고리즘으로 다음의 두 가지 방식을 사용하고 있다.

C-Rank 알고리즘

C-Rank 알고리즘이란 수도 없이 올라오는 글 중에서 신뢰할 수 있는 글을 골라내기 위해 글 자체보다는 해당 글의 출처인 블로그의 신뢰도와 인기도를 평가하는 알고리즘이다.

우리가 '만리장성이라는 중국집의 짜장면이 맛있는지 아닌지'가 궁금하다고 해보자. 이때 이름도 모르는 사람의 평가를 더 신뢰할까? 아니면 미슐랭 가이드의 평가를 더 신뢰할까? 아마 대부분 미슐랭 가이드의 평가를 더 신뢰할 것이다.

쉽게 말해 미슐랭 가이드에서 나온 글에 대해 더 높은 신뢰를 하겠다는 알고리즘이다. 기존에 인기가 있거나 높은 신뢰도를 가지고 있는 블로그들을 평가해 그 글에 대한 평가에 반영하겠다는 것이 C-Rank인 것이다.

이러한 알고리즘을 제대로 이해했다면 우리는 여기서 한 가지를 기억해야 한다. 네이버에서 좋은 글로 인식되기 위해서는 글 자체를 잘 쓰는 것도 중요하지만 블로그 자체에도 신경을 써야 한다는 것이다.

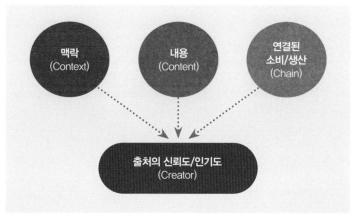

〈C-Rank 알고리즘〉 출처 : naver_search & Tech

D.I.A. 알고리즘

D.I.A.(Deep Intent Analysis) 알고리즘이란 데이터를 기반으로 해서 사용자들이 선호하는 문서에 대한 점수를 반영한 알고리즘이다.

내가 쓴 글에 대한 주제의 적합도, 정보의 충실성, 문서의 의도, 독창성, 적시성 등과 같이 글 자체를 평가하는 알고리즘이다. D.I.A. 알고리즘으로 인해 사용자들이 선호하는 글이라는 평가를 받으면 그 글을 더 많은 사람들이 볼 수 있도록 노출시켜 주겠다는 의미이다.

그렇다면 네이버는 왜 C-Rank 외에 이러한 D.I.A. 알고리즘을 도입했을까? 그것은 좋은 글을 생산할 신규 블로거들을 위해서이다.

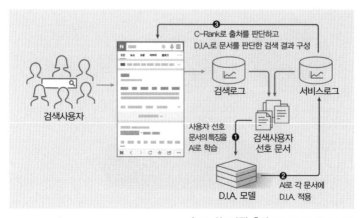

〈D.I.A. 알고리즘〉 출처 : naver_search & Tech

예를 들어 '미슐랭 블로그'라는 역사도 있고 권위도 있는 레스토랑 평가 블로그가 있다고 하면, 새로운 레스토랑 평가 블로거들의 글은 사람들에게 보이기가 쉽지 않을 것이다. C-Rank 알고리즘으로 그 글의 출처에 대한 평가를 검색에 반영하면 더 이상 새롭고 참신한 글들이 나오지 못하게 된다. 이런 부작용을 막기 위해 글 자체가 좋으면 노출을 시켜주는 D.I.A. 알고리즘을 함께 운영하는 것이다.

네이버 블로그에 좋은 글을 쓰기 위해서는 C-Rank와 D.I.A. 알고리즘을 염두에 두며 글을 써야 한다. 그렇지 않고서는 아무리 좋은 글을 써도 네이버에서 내가 쓴 글을 노출해주지 않을 수 있다.

정기적으로 글쓰기를 해야 한다

네이버 블로그에 글을 쓰기로 했다면 정기적으로 글을 써야 한다. 여기에는 두 가지 이유가 있는데 먼저 정기적으로 글을 쓰는 것이 앞서 살펴보았던 네이버 알고리즘상 글에 대한 신뢰성을 높여주기 때문이다.

아무래도 글을 많이 쓰는 블로그가 활동성 면에서 높은 점수를 받을 것이고 그러면 신뢰성 면에서도 좋은 평가를 받을 수밖에 없다. 불규칙적이고 뜸하게 글이 올라온다면 그 블로그의 글을 신뢰할 수 있을까? 규칙적으로 자주 글이 올라오는 블로그에 더 신뢰가 갈 것이다. 정기적으로 글을 써야 하는 또 다른 이유는 기본적으로 SNS는 구독이라는 개념을 바탕으로 관계가 만들어지기 때문이다.

네이버 블로그에서는 '이웃'이라는 명칭을 쓰는데, 누군가와 이웃관계를 서로 맺으면 그 이웃이 글을 쓸 때마다 내게 알람이

온다. 특정 블로그와 이웃을 맺는다는 건 이 블로그에 올라오는 글을 계속 보겠다는 의미인 것이다.

그런데 잊을 만하면 한 번씩 불규칙적으로 글이 올라온다면 어떨까? 네이버의 알고리즘을 떠나 이웃 사이에서도 블로그의 방문이 점점 뜸해질 수밖에 없다. 따라서 규칙적이고 정기적으로 글을 쓰는 것은 네이버 블로그에 있어서 굉장히 중요하다.

네이버 블로그에 내 글을 쓰겠다고 결심했다면 이 세 가지 사항은 반드시 명심하자. 이 세 가지 사항을 기억하고 거기에 맞춰 꾸준히 글을 써간다면 언젠가 내가 쓴 글이 네이버 메인화면에 노출되어 수십만 명이 보는 경험을 할 수 있을 것이다.

그 수십만 명 중에는 칼럼 기고가 필요한 기업, 출간할 책의 원고가 필요한 출판사도 있을 수 있다. 거기서 지금까지 경험하지 못한 많은 기회들이 생겨날 것이다.

브런치 작가로 데뷔하는 법 03

이번에는 카카오에서 운영하는 브런치에 대해 알아보자. 앞서 브런치는 글쓰기에 최적화된 플랫폼이라고 소개했다.

네이버 블로그의 경우, 사실 우리가 생각하는 에세이 형태의 글이라기보다는 후기라든지 리뷰 같은 글들이 많이 올라온다. 다소 상업적 글들이 주를 이루고 있다고 해도 과언이 아니다.

카카오 브런치라는 플랫폼은 바로 여기에서 탄생했다. 다른 것에 신경 쓰지 않고, 오로지 좋은 글을 쓰는 작가들을 위한 SNS를 만들겠다는 게 시작점이다. 그래서 카카오의 브런치와 네이버의 블로그는 다른 점이 많다.

브런치 작가 승인 받기

카카오 브런치가 네이버 블로그와 가장 다른 점은 폐쇄형이라는 것이다. 많은 사람들이 브런치 작가가 되어 글을 쓰고 싶어 하지만 그러지 못하는 이유가 바로 여기에 있다. 브런치에 글을 쓰고 싶다면 작가로서 승인을 받아야 하기 때문이다.

그렇다면 작가로 승인되기 위해서는 어떻게 해야 할까? 카카오의 브런치에서는 네 가지 항목을 가지고 브런치 작가로서의 자질을 검증한다. 이 검증에 통과하지 못해 애먹는 사람이 많으니 하나하나 단계별로 자세히 살펴보자.

1단계 : 브런치 작가 소개하기

브런치 작가 신청을 누르면 가장 먼저 써야 하는 것이 내가 누구인지에 대한 소개이다. 이 소개글에는 내가 누구이고, 앞으로 브런치에 어떤 글을 쓸 것인지 제시해주는 것이 핵심 포인트다.

내가 누구인지 설명할 때 내가 살아온 이력을 쭉 적을 수도 있지만 그렇게 하기보다는 내가 일단 쓰려는 글에 대한 전문성 위주로 소개를 하는 것이 유리하다. 여기서 전문성이란 지식과 경험을 의미한다.

예를 들어 부동산 전문가가 있다고 하자. 지식적인 측면의 전문성을 강조한다면 내가 부동산과 관련해서 박사 학위가 있다거나, 강연 경험이 있다거나, 출간한 책이 있다거나, 기고한 칼럼이 있다거나 하는 것들을 써주는 것이다.

내가 이런 지식적인 전문성을 가지고 있음을 어필한다면 브런치에서 작가로 승인을 해주지 않을 이유가 없다. 많은 사람에게 도움이 되는 글을 쓸 수 있다는 것을 알 수 있기 때문이다.

경험적인 측면의 전문성은 이런 것이다. 내가 부동산과 관련해서 석사나 박사학위는 없더라도 부동산에 투자해서 많은 돈을 벌었거나, 부동산과 관련된 일을 하고 있다거나와 같이 내가 그 분야에서 경험이 많음을 이야기하면 된다.

만약 지식적인 측면이든 경험적인 측면이든 뭐 하나 내세울 게 없다면 어떻게 해야 할까? 브런치 작가가 될 수는 없는 것 일까? 꼭 그렇지는 않다. 누구나 공감할 만한 소재에 자신이 할 이야기가 있다면 얼마든지 작가가 될 수 있다. 물론 누구나 공감할 만한 소재로 브런치 작가가 되기 위해서는 그 소재에 대해 차별화된 글쓰기가 가능하거나 필력이 좋아야 선정될 가능성이 높아진다.

예를 들면 내가 부동산에 관한 지식이나 경험적인 측면에서 전문성이 없다고 해보자. 하지만 내가 집을 마련하기 위해 고군분투하고 있다면 그 과정의 이야기를 가지고 브런치 작가가 될 수 있다. 그 글이 많은 사람에게 공감을 줄 수 있기 때문이다.

그러니 브런치 작가를 신청하는 과정에서 자신을 소개할 때는 전문성을 바탕으로 자신을 소개하되, 마땅한 전문성이 없다면 자신이 쓰고자 하는 주제에 대한 차별성을 고민해보자.

막연하게 '부동산에 대해서 관심 있는 이권복입니다'가 아닌

'직장인 3년 차, 내 집을 마련하기 위해 고군분투하고 있는 이권복입니다'라고 자신을 소개하는 것이다.

그러면 훨씬 더 브런치 작가로서 매력적인 글을 쓸 것이라는 기대감을 줄 수 있을 것이다.

2단계 : 브런치 활동 계획 소개하기

다음으로 브런치에서는 어떤 활동을 하고 싶은지를 묻는다. 여기서는 내가 어떤 글을 쓸지 글의 주제나 소재, 목차 등을 적으면 된다. 글의 주제나 소재는 특별한 경험이 있으면 그것을 쓰는 것이 좋고, 목차는 구체적일수록 좋다. 나만이 쓸 수 있는 주제, 나만이 할 수 있는 이야기가 무엇인지 고민해보자.

책을 출간했다거나 칼럼을 기고한 경험이 있다면 그때 써놓은 글들을 몇 개 선정해서 목차로 구성해도 좋다. 브런치 작가 승인을 심사하는 입장에서는 신청자가 어떤 글을 쓸지 전혀 모르기 때문에 그것을 잘 보여줄 수 있으면 된다.

써놓은 글들이 없다면, 가장 쓰고 싶은 글의 주제를 하나 정해서 목차를 만들어보자. 정해진 것은 없지만 나는 목차를 10개 이상 적으면 적절하지 않을까 생각한다. 이렇게 목차를 적어낸다고 해서 꼭 이 목차에 맞춰 글을 쓸 필요는 없다. 얼마든지 주제를 바꾸어도 좋고, 여러 가지 주제로 글을 써도 된다.

여기서 쓰는 목차는 말 그대로 나라는 작가를 소개하는 것의 연장선이라고 생각해도 좋다. 일단 작가가 되면, 글에 대한 제한은 아무것도 없기 때문이다.

02. 브런치 활동 계획

브런치에서 어떤 글을 발행하고 싶으신가요?

브런치에서 발행하고자 하는 글의 주제나 소재, 대략의 목차를 알려주세요.   0/300

브런치 활동 계획을 입력해주세요.

이전   다음

3단계 : 자료 첨부하기

내가 쓸 글의 주제와 목차에 대해서 쓰면, 그다음은 글에 대해서도 묻는다. 브런치에서는 최대 세 개의 글을 첨부하도록 요구하고 있는데, 여기에 덧붙여 외부에 기고했던 글이나 출간한 책이 있다면 URL도 기입할 수 있다. 주제와 목차만 가지고는 정말 이 사람이 여기에 맞는 글을 쓸 수 있는 사람인지, 좋은 글을 쓸 수 있는지 등을 검증하기 어렵기 때문에 세 개 정도의 글을 보고 판단하려는 것이다.

주제 자체에서 남들과는 다른 특별한 차별화 포인트가 없다면, 여기서 나의 글을 가지고 브런치 운영자를 설득해야 한다. 흔할 수 있는 보편적인 주제로 재미있는 글을 써간다거나 남들이 공감할 만한 글을 쓸 수 있다는 것을 보여줄 수 있다면 브런치 작가가 될 수 있을 것이다.

03. 자료첨부

내 서랍속에 저장!
이제 꺼내주세요.

'작가의 서랍'에 저장해둔 글
또는 외부에 작성한 게시글 주소를 첨부해주세요.
선정 검토 시 가장 중요한 자료가 됩니다.

브런치 저장글

저장글이 없습니다

이 외에 온라인매체 기고글이나 출간 책 주소 입력

http://

이전　　　　　　　　　　　　　　　　　　　　　　　다음

4단계 : 활동 중인 SNS

브런치 작가 신청의 마지막 단계는 내가 활동 중인 SNS 주소를 기입하는 것이다. 딱히 다른 SNS 활동을 하지 않고 있다고 해도 큰 영향은 없다. 다만, 다른 SNS에 올린 글들을 보고 브런치 작가로서 좋은 활동을 보일 가능성이 있는지 참고하기 위해 묻는 것이라고 생각하면 좋을 것 같다. 그러니 다른 SNS가 없다고 해도 신경 쓰지 말자. SNS가 없다고 해서 작가가 되는 데 큰 영향을 미치지는 않는다.

이 4단계를 모두 작성하면 며칠 심사를 거쳐 작가가 될 수 있는지 최종 결정이 나게 된다. 내 경험상 빠르면 하루이틀 만에 심사결과가 나오기도 하고 늦으면 일주일까지도 걸리는 것 같으니 정성스럽게 4단계의 질문에 답변을 작성하였다면 조급한 마

04. 마지막 단계!

활동 중인
SNS나 홈페이지가 있으신가요?

작가님의 주 활동 분야나 직업, 관심사 등을 잘 알 수 있는 주소가 있다면 알려주세요.

URL f 💬 🔗 M in

http://

이전   신청서 보내기

음을 버리고 느긋하게 기다려보자.

브런치에 글을 써야 하는 세 가지 이유

이런 4단계의 과정을 거치면서까지 브런치에 글을 쓸 필요가
있을까라는 생각이 들 수도 있다.

여기에 대한 나의 생각은 "그렇다"이다. 만약 글을 쓰는데만
집중하고 싶다면 브런치는 정말 도전해볼 만한 매력적인 플랫폼
이다. 그 이유는 다음과 같다.

네이버 블로그와는 다른 알고리즘의 차이

네이버의 경우 검색을 기반으로 글이 노출되기 때문에 앞서
말한 두 가지 알고리즘인 C-Rank와 D.I.A에 맞춰 써야 한다. 알
고리즘에 부합하지 않으면 아무리 좋은 글을 쓰더라도 그 글은
다른 사람들에게 노출되지 않을 가능성이 높다.

하지만 브런치는 다르다. 브런치는 브런치 독자들의 데이터
를 바탕으로 유사 글들을 추천해주는 시스템이다. 예를 들어 내
가 부동산에 대한 글을 많이 보면 부동산 글을 쓰는 다른 작가의
글을 추천해주는 것이다. 즉 알고리즘에 맞춰 글을 쓰지 않아도
자연스럽게 내 글을 좋아할 만한 사람들에게 내 글을 소개할 수
있는 기회가 생기는 것이다. 복잡하게 내가 쓰는 글이 검색 알고
리즘에 부합하는지 고민할 필요가 없다. 따라서 다른 건 복잡해

서 싫고 오로지 좋은 글을 쓰는 데 집중하고 싶은 사람에게 브런치는 정말 좋은 플랫폼이다.

카카오 브런치에서 주최하는 여러 공모전

브런치에서는 글을 가지고 도전해볼 만한 다양한 공모전이 열린다. '브런치 라디오'라는 공모전을 통해 오디오 콘텐츠로 많은 사람에게 다가갈 수 있는 기회를 주기도 하고, 특정 기업과 콜라보를 해서 거기에 맞는 특정한 글을 작성해서 참여할 수 있는 공모전도 있다.

그뿐만 아니라 글을 쓰는 사람이라면 누구나 한번쯤 꿈꾸는 출간 공모전도 있다. 브런치는 1년에 한 번 출판사들과 함께 책을 출간할 수 있는 기회와 상금을 걸고 작가들의 글을 모은다.

이 기회를 통해 평범했던 사람이 출간 작가가 된 사례가 너무나도 많다. 이처럼 글을 통해 해볼 수 있는 다양한 기회들이 많다. 내가 쓴 글을 통해 이런 기회에 참여해보기 위해서라도 브런치는 해볼 만한 플랫폼이다.

다양한 기회의 장

글쓰기 전문 플랫폼으로 브런치가 자리를 잡아가자 글을 필요로 하는 사람들이 브런치에 많이 유입이 되었다. 대표적인 곳이 바로 출판사이다. 출판사에서는 출간할 글이 필요하다.

책을 내기 위해서는 좋은 글을 찾는 것이 출판사 입장에서는 늘 숙제이다. 그런데 이런 출판사의 입장에서 브런치는 너무나도 좋은 플랫폼이다.

글을 쓴다는 사람들이 모두 모여 있는 플랫폼이다 보니 브런치에서만 잘 찾아도 좋은 책이 될 만한 글을 찾을 수 있게 된 것이다. 따라서 브런치를 통해 좋은 글을 꾸준히 쓴다면 따로 투고를 하지 않아도 출간을 하는 기회가 올 수 있다.

물론 출간의 기회만 오는 것은 아니다. 칼럼이 필요한 기업이나 언론매체 등에서도 글을 연재해달라거나 글을 보고 강연을 해달라고 하는 요청도 온다. 글을 쓰는 사람에게 다양한 기회가 연결되는 브런치를 하지 않을 이유가 없다.

만약 작가가 되기 힘들다면 그것은 남들도 똑같이 어렵다는 것을 의미하기 때문에 계속 내가 쓸 글의 주제를 수정하고, 목차를 잘 다듬어서 작가 승인이 날 때까지 도전해보면 좋겠다.

유튜버가 책 쓰는 법 04

　최근 들어 책을 출간하는 작가들의 특징을 보면 한 가지 공통점이 있다. 대부분 자신들의 유튜브 채널을 운영하고 있다는 것이다. 유튜브는 영상을 올리고 공유하는 플랫폼인데 왜 이들이 책을 쓰기 시작한 걸까?

　유튜브를 운영하는 유튜버라는 직업이 초등학생들 사이에서 장래희망 1순위라고 하니 유튜브를 운영하는 노하우에 대한 책이 잘 팔려서일까?

　초창기에 책을 쓰는 유튜버들은 그랬다. 수백만 명의 구독자를 가진 자신들의 노하우를 담아 유튜브를 잘 운영하는 노하우에 대해 책을 출간했다. 보겸TV, 허팝 등이 대표적인 경우였다.

　유튜버라는 직업 자체가 사람들의 관심을 받자 출판사에서 이러한 수요를 파악하고 스타 유튜버들을 섭외해 유튜브 운영에 대한 책을 출간했다.

이젠 유튜버가 작가가 되는 세상이 왔다

하지만 지금은 다르다. 유튜브 열풍이 한창 불고 유튜브에 관련된 책이 수도 없이 나와 있는 지금은 유튜버들이 출간하는 책의 성격이 달라졌다. 유튜브 운영에 대한 책은 이제 더 이상 나오지 않는다. 대신 자신들이 채널에서 다루고 있는 전문 분야에 대한 주제로 책이 출간되고 있다. 어떻게 된 일일까? 영상을 잘 만드는 사람이 글도 잘 쓰는 걸까?

우리는 그동안 사실 유튜버에 대해서 조금 특별한 시선을 가지고 있었다. '크리에이터'라는 이름을 붙이면서 영상을 만드는 것을 뭔가 특별한 직업처럼 생각했다. 하지만 사실 유튜버란 직업도 본질적인 면으로 들어가면, 책을 쓰는 작가나 글을 쓰는 블로거나 사진을 찍어 올리는 인스타그래머나 모두 똑같다.

무슨 말인가 하면 그들 모두 콘텐츠를 만드는 크리에이터라는 뜻이다. 똑같은 주제를 가지고 책으로 콘텐츠를 만들면 작가, 글로 콘텐츠를 만들면 블로거, 사진으로 콘텐츠를 만들면 인스타그래머, 영상으로 콘텐츠를 만들면 유튜버인 것이다.

각자가 다루는 도구와 표현하는 방식이 다를 뿐이지, 그 본질은 사실 모두 같다.

유튜브 콘텐츠 = 책의 콘텐츠

한번 예를 들어보자. '신사임당'이라는 많은 사람들의 사랑을 받는 채널이 있다. 다양한 사람들과 인터뷰를 진행하는데, 《킵고잉》이라는 책을 출간한 적이 있다. 이 책의 목차와 채널 영상을 비교해보면 비슷하다는 것을 금방 알 수 있다.

《킵고잉》에 있는 '단군 이래 가장 돈 벌기 좋은 시대'라는 내용은 유튜브 채널에도 똑같은 제목의 영상으로 올라왔던 내용이다. '평범한 대학생 시절부터 나의 실패 히스토리를 공개합니다'라는 영상, '월 순익 1000만원 올리는 생각법, 한국에는 직업에 귀천이 있습니다'라는 영상의 내용도 책에 모두 적혀 있는 내용이다. 영상의 내용이 그대로 책의 내용이 되는 것이다.

유튜버가 영상을 만드는 것이나 책을 쓰는 것이나 모두 가능한 것은 이처럼 영상의 내용이 곧 책의 내용이기 때문에 그렇다. 모두가 같은 콘텐츠인 것이다.

이미 대중의 관심도와 시장성이 확인된 콘텐츠

책을 내는 출판사의 입장에서도 유튜버의 책을 선호할 수밖에 없다. 왜냐하면 결국은 같은 콘텐츠인데 이미 유튜브라는 시장을 통해서 콘텐츠의 시장성을 확인했기 때문이다.

유튜브에서 사람들의 관심을 많이 끈 콘텐츠라면 책으로 출간되어도 사람들이 많이 찾을 가능성이 높을 것이다. 거기다가 그 유튜버의 영상을 구독하는 팬들이 자신들이 좋아하는 유튜버가 책을 냈다고 하면 당연히 사서 읽어보지 않을까?

이런 것들까지 생각하면 막연하게 잘 팔릴지 안 팔릴지를 고민해가며 책을 출간하는 것보다는 유튜브를 통해 어느 정도 콘텐츠의 질과 시장성을 확인한 후에 출간을 하는 편이 더 합리적일 것이다.

유튜버들이 책을 출간하게 되는 과정

그렇다면 유튜버가 책을 쓰게 되는 과정은 구체적으로 어떻게 진행될까? 나도 책을 소개하는 유튜브 채널을 운영하면서 독서법에 대한 출간 제안을 몇 차례 받은 바 있다.

그 경험을 토대로 유튜버가 책을 낼 수 있는 과정에 대해 이야기를 해보겠다.

1단계 : 유튜브 채널을 자신의 메시지로 기획한다

먼저 유튜버가 책을 쓰기 위해서는 자신의 콘텐츠를 다루는 채널을 운영해야 한다. 커피면 커피, 주식이면 주식, 부동산이면 부동산 등 자신이 자신 있는 분야로 채널을 기획하는 것이다.

채널을 기획할 때 중요한 것은 콘텐츠가 고갈되지 않고 계속 생산될 수 있는가가 중요하다.

영상을 1~2개 업로드하고 더 이상 올릴 수 없다거나, 영상 제작에 많은 비용과 여러 가지 제약 조건들이 따르면 그만큼 채널을 운영하기 어려워질 것이다. 따라서 채널을 기획할 때는 지속가능성을 늘 염두에 두어야 한다.

2단계 : 영상들을 만들어 자신의 채널을 운영한다

채널에 대한 기획이 끝나면 이제는 본격적으로 운영을 하는 것이다. 내가 기획한 채널에 맞는 영상들을 올리는 것이다. 이때 중요한 것은 한 번 정한 주제를 바꾸면 안 된다는 것이다.

커피라는 주제를 정했으면 커피와 관련된 영상을 계속 올려야지, 갑자기 부동산에 대한 영상을 올린다든가 주식에 대한 영상을 올리면 안 된다.

콘텐츠의 주제가 일관되지 않고 중구난방으로 산만하면 아무리 구독자 수가 많은 유튜브 채널이라고 해도 책을 출간하기가 어렵다.

3단계 : 구독자를 꾸준히 모은다

한 가지 주제에 대해 일관되게 양질의 영상을 올리면 그 주제에 관심이 있는 사람들이 채널을 구독하기 시작한다. 자신이 관심 있는 주제에 대한 지식과 정보를 얻기 위해서 채널을 구독하는 것이다. 이 구독자의 수가 천 명이 되고 만 명을 넘어 점점 쌓이면 채널에서 다루고 있는 주제가 사람들의 관심을 받고 있다는 사실을 확인할 수 있게 된다.

또한 늘어나는 구독자 수는 영상으로 풀어내는 콘텐츠의 수준 역시 높다는 것을 보여주기 때문에 책으로 출간되어도 충분히 가치가 있음을 짐작할 수 있다.

4단계 : 출판사에서 연락이 없다면 먼저 제안하라

유튜브 채널이 어느 정도 규모를 갖추면 새롭고 시장성 있는 콘텐츠에 목이 마른 출판사의 눈에 띠지 않을 수 없게 된다. 그 채널을 발견한 출판사는 책 출간에 대한 제안 메일을 보낼 가능성이 매우 높다. 이렇게 출간 제안을 받는 유튜버는 자신의 영상 콘텐츠의 내용을 글로 재가공하면 책을 쓸 수 있다.

혹시라도 유튜브 채널의 규모가 꽤 크고 영상의 조회수도 잘 나오고 있는데 출판사로부터 출간 제안을 받지 못했다면, 이메일이나 전화를 통해 직접 출판사에 자신의 영상 콘텐츠에 대한 출간 의사를 전달해도 된다. 출판사에서 유튜브 채널을 살펴본 뒤 충분히 시장성과 콘텐츠 가치가 있다고 판단되면 출간이 이뤄질 것이다.

요즘 잘나가는 유튜버들의 책 출간은 굉장히 핫하다. 종합 베스트셀러 순위를 살펴보아도 순위권 안에 진입해 있는 책 중에는 유튜버들의 책을 어렵지 않게 찾을 수 있다.

이것이 가능한 이유는 결국 유튜브에 업로드 된 영상도 출판사에서 출간하는 책도 모두 하나의 콘텐츠이기 때문이다. 그러니 책을 읽고 글로 쓰는 것이 어렵다면 영상으로 찍어보자. 자신의 글을 쓰는 것과 같은 기회들을 만날 수 있을 것이다.

4장

독서로 돈 버는 사람들

책 읽어주는 것으로 돈을 버는 법 01

20대에 내가 책을 좋아한다는 사실을 깨닫고 목표는 딱 하나였다. 이렇게 책만 읽으면서 살고 싶다는 것. 그런데 책을 읽는다고 해서 누가 돈을 줄까?

나처럼 하루 종일 책만 읽던 사람이 한 사람 더 있었다. 조선 시대의 연암 박지원이 쓴 《허생전》의 허생이라는 인물이다.

허생은 소설 속에서 하루 종일 책만 읽다가 참다 못한 아내에게 집에서 쫓겨났지만 결국 많은 돈을 벌게 된다. 이 이야기는 당시 나에게 큰 힘이 되었다. 나도 그런 아내를 만나면 돈을 벌게 될까 하면서 말이다.

책 낭독이 돈이 될 수 있을까

하지만 소설과 현실은 다르다. 책 읽는 것은 돈이 되지 않는다. 아마 누군가가 돈을 줄 테니 책을 읽으라고 하면 안 읽는 사람은 없을 것이다. 책을 딱히 좋아하지 않는 사람들도 아르바이트를 한다는 생각으로 읽을 것이기 때문이다. 하지만 책을 읽어서는 정말 돈을 벌 수 없는 것일까? 아니, 책을 읽어주는 것으로 돈 버는 사람들이 있다. 특히 요즘 동영상 콘텐츠와 유튜브 콘텐츠에 대한 수요가 급증하면서 책 읽어주는 서비스에 대한 수요도 증가하고 있다.

대표적인 것인 오디오북이다. 오디오북이란 책의 내용을 귀로 들려주는 콘텐츠다. 아마 한 번쯤은 들어봤을 것이라고 생각한다. 잘 모르겠다면, 네이버 오디오 클립이라는 서비스에서도 일정한 금액을 지불하면 오디오북을 이용할 수 있으니 네이버에서 한번 검색해보길 바란다.

책읽기로 돈을 버는 사람들

오디오북을 살펴보면, 유명한 연예인이나 성우가 책의 내용을 읽어준다는 것을 알 수 있다. 사람들은 오디오북을 돈을 내고 구매한다. 그러면 당연히 녹음한 사람은 돈을 벌 것이다.

근데 유명한 연예인도 아니고 목소리가 좋은 전문 성우도 아닌 사람도 이런 오디오북을 녹음할 수 있을까?

맞다. 그것이 가능한 시대가 되었다. 이제 남은 건 방법의 문제다. 보통 사람이 책을 읽어주는 것으로 돈을 버는 방법에는 두 가지가 있다.

유튜브 활용 방법

유튜브에 '오디오북'이나 '책 낭독'이라는 검색어를 쳐보면 이미 활발하게 활동하고 있는 유튜버들을 찾아볼 수 있다. 구독자가 많게는 수십만에 이른다. 영상의 조회수 역시 수만 회에 이를 정도로 굉장히 높다. 물론 이들이 올려놓은 콘텐츠를 보면 순수 오디오 콘텐츠는 아니고 영상 콘텐츠다.

하지만 영상은 사실 책의 내용을 듣는 데는 큰 영향을 미치지 않는다. 함께 봐서 나쁘지 않을 정도지 영상을 보지 않는다고 해서 책의 내용을 이해하는 데 어려움이 따르는 것은 아니다. 실제로 많은 사람들이 화면을 들여다보기보다는 라디오를 듣는 것처럼 오디오북 영상 콘텐츠를 이용하고 있다. 그러면 이런 콘텐츠를 만들어서 올리면 과연 돈을 벌 수 있을까?

아는 지인이 이러한 오디오북 콘텐츠를 만들어 유튜브 채널을 운영하고 있어서 수익에 대한 이야기를 들을 기회가 있었다. 이 지인이 운영하는 유튜브 채널은 구독자가 10만이 넘는다. 수익은 크게 두 가지를 통해 발생한다고 이야기했다. 하나는 유튜브 영상이 조회될 때마다 함께 나오는 애드센스(Adsense, 구글의 광고 사업 프로그램) 광고 수익, 즉 유튜브에서 지급하는 수익이다. 영상마다 조회수가 수만 회에 이르니 한 달에 수입이 웬만한 회사원 월급 이상이었다. 그런데 수익은 이뿐만이 아니었다. 책을 읽어주다 보니 그 콘텐츠를 듣는 사람들에게 책 광고를 할 수 있는 것이었다. 실제로 출판사로부터 종종 광고 제안을 받고 있는데 책 한 권을 소개하는 데 100만 원 이상을 받고 있다고 한다. 한 달에 두세 권 정도를 소개한다고 하니 그것만 해도 꽤 괜찮은 수입이 된다.

오디오 플랫폼 이용 방법

네이버 오디오클립이나 팟빵 같은 오디오 콘텐츠 플랫폼들을 통해 내가 책을 낭독한 것을 콘텐츠로 만들어 올릴 수 있다. 유튜브 시대에 누가 오디오를 듣냐고 반문할 수 있지만 오디오 콘텐츠 시장은 매년 커지고 있다.

우리나라 오디오 플랫폼 대표 기업인 팟빵의 이용률 변화만 봐도 알 수 있는데 2018년 대비 2019년에 207%나 성장했다. 네이버 오디오 플랫폼 오디오클립도 마찬가지다. 2018년 12월 유료 서비스를 출시한 뒤로 1년 만에 월 이용자수 2만 3,000명, 누적 이용자수 21만 명을 기록하는 등 가파르게 상승하고 있다.

오디오 콘텐츠의 이 같은 수요 증가는 AI스피커와 같은 오디오 콘텐츠를 소비할 수 있는 환경이 조성된 것과 더불어 오디오 콘텐츠는 영상 콘텐츠와는 달리 멀티태스킹이 가능하다는 특성이 있기 때문이다.

책을 읽어주는 것을 들으면서 작업을 한다든지 다른 일을 함께 하는 것이다. 이런 오디오 콘텐츠 플랫폼에 책을 낭독해 오디오북을 만든다면 유튜브와 마찬가지로 광고 수익을 얻을 수 있다.

오디오북으로 돈 벌기 위해 알아야 할 것들

이처럼 책을 읽어주는 것으로 돈을 벌 수 있다는 사실을 알았다면 이제 우리가 고민해야 할 것은 어떻게 하면 사람들이 많이 소비하는 오디오북 콘텐츠를 만들 것인가다. 만약 책을 읽어주는 오디오북 콘텐츠를 만들어 돈을 벌고 싶다면 세 가지를 기억하자

정확한 발음과 깔끔한 녹음의 중요성

오디오북은 아무래도 소리만 소비하는 콘텐츠다 보니 녹음에 굉장히 많은 신경을 써야 한다. 특히 같은 문장도 어떻게 읽느냐에 따라 그 의미가 달라질 수 있기 때문에 정확한 발음으로 의미가 잘 전달될 수 있도록 읽는 것이 중요하다.

책 읽는 스타일을 잠자기 전에 들을 수 있도록 차분한 목소리로 낭독을 하는 크리에이터도 있고, 책의 내용을 연기하듯이 실감나게 녹음을 하는 크리에이터도 있다. 무엇이 정답이라고 할 수는 없고 자신의 스타일을 잘 찾아서 일관된 스타일로 녹음을 해나가는 것이 중요하다.

책을 잘 읽는 것도 중요하지만 그것 못지않게 중요한 것이 녹음을 잘하는 것이다. 책을 읽어주는 콘텐츠를 하는 많은 크리에이터들이 애를 먹는 것이 바로 녹음이다. 녹음을 할 때 주변이 시끄러우면 그 소리가 그대로 다 녹음이 되기 때문에 생각보다 긴 시간 동안 녹음을 한다는 게 쉽지 않다. 특히 집에 혼자 사는 것이 아니라면 더더욱 그렇다. 그래서 전문 녹음실을 이용하거나 사람들이 잘 활동하지 않는 시간대를 택해 녹음을 하는 경우가 많다.

사람들의 니즈를 파악한 책 선정

이런 콘텐츠는 조회수가 중요한데, 조회수와 비례해서 수입이 증가하기 때문에 이 조회수를 어떻게 하면 올릴지 고민을 해야 한다. 가장 큰 영향을 미치는 것이 바로 어떤 책을 읽을 것인가의 문제다. 사람들이 아무런 관심도 없는 분야인 데다 읽으면서도 무슨 뜻인지 잘 모르는 어려운 책을 낭독한다고 하자.

아무도 그 오디오북을 듣고 싶어 하지 않을 것이다. 반면에 지금 한창 서점에서 인기 있는 베스트셀러의 책을 내가 가장 먼저 낭독해서 올렸다고 해보자. 그 책을 읽어보고 싶어 하는 많은 사람들이 내가 만든 콘텐츠를 소비할 것이다.

따라서 책을 읽어주는 것으로 돈을 벌겠다고 하면 내가 어떤 책을 읽어야 할지 많은 고민을 하게 될 것이다. 내가 좋아하는 책을 다른 사람들도 좋아하면 문제가 없겠지만 자칫 나만 좋아하는 책을 읽으면 사람들이 큰 반응을 보이지 않을 것이기 때문이다.

반드시 받아야 할 저작권 동의

책을 읽어주는 콘텐츠를 만들 생각이 있다면 저작권을 누구보다 조심스럽게 생각해야 한다. 책은 하나의 저작물이기 때문에 내가 함부로 사용할 경우 법적인 문제가 발생할 수 있기 때문이다. 따라서 책을 낭독하고 싶다면 책의 저작권을 가지고 있는 출판사에 반드시 책 낭독에 대한 동의를 구해야 한다.

출판사로부터 저작권에 대해 문의하는 방법은 어렵지 않다. 내가 낭독을 하고자 하는 책의 앞면이나 뒷면을 보면 출판사에 대한 정보가 적혀 있다. 보통 전화번호와 메일이 적혀 있는데, 자신에게 편한 방법으로 연락을 하면 된다.

예를 들어 전화를 한다고 하면 다음과 같이 문의하면 된다. "안녕하세요. A라는 책을 너무 감명 깊게 읽어서 이 책을 가지고 낭독하는 콘텐츠를 만들고 싶어서 연락을 드렸습니다. 낭독과 관련하여 저작권 가이드라인이 있을까요?" 그러면 출판사에서 관련 담당자를 연결시켜줘 어느 정도까지 낭독해도 된다는 가이드라인을 준다.

이 저작권에 대한 가이드라인은 출판사마다 모두 달라서 일일이 직접 문의를 해서 동의를 구해야 한다. 심지어는 같은 출판사여도 책마다 그 저작권 가이드라인이 다른 경우도 있으니 자신이 읽고 싶은 책에 대해서 직접적으로 문의를 해야 한다.

이런 저작권에 대한 문의를 하는 것이 번거롭다고 생각되어 동의를 구하지 않고 콘텐츠를 만들 경우 어떤 일이 발생할까? 출판사 측에서 애써 만든 내 콘텐츠를 내려달라고 요구하거나 법적 분쟁으로까지 이어질 수 있다. 그러니 번거롭더라도 반드시 출판사에 문의하도록 하자. 대부분의 출판사에서는 그러한 콘텐츠들이 자신의 책에 홍보가 된다고 생각하여 호의적으로 대해주니 문의하는 것을 너무 두려워하지 말자.

당장은 돈이 안 돼도 나중에는 많은 돈이 될 수 있다

책 읽는 콘텐츠를 만든다고 해서 당장 엄청난 수익이 생기는 것은 아니다. 내가 만든 콘텐츠를 사랑해주는 사람들이 늘어나면, 어느 순간 생각 이상의 수익이 되기 시작한다. 따라서 인내심을 가지고 꾸준히 책을 읽으면서 콘텐츠를 만들자. 그렇게 하다 보면 많은 사람들이 나의 콘텐츠를 좋아해줘서 생각보다 빠르게 돈을 벌 수 있게 될지도 모른다.

북튜버라는 말을 들어보았는지 모르겠다. 책을 뜻하는 북 (Book)과 유튜버(YouTuber)의 합성어로 책을 주제로 유튜브 활동을 하는 유튜버를 의미한다. 보통은 책을 소개하는 영상을 만드는 경우가 많지만, 꼭 책의 내용이 아니더라도 책을 많이 읽을 수 있는 독서법, 이색 서점을 탐방하는 영상과 같이 영상의 소재가 책이면 북튜버라고 말하기도 한다.

유튜브에서 책을 가지고 콘텐츠를 만드는 사람들

사실 북튜버를 하는 사람들을 살펴보면 대부분 책을 좋아해서 이와 관련된 영상을 만드는 사람들이 많다. 왜냐하면 유튜버로서 돈 벌고 싶은 사람에게 북튜버는 다른 분야에 비해 수입이 많지 않기 때문이다. 이는 북튜버들의 채널과 다른 분야의 채널을 비교해보면 금방 알 수 있다. 유튜브에서 인기 있는 먹방이나 게임 관련 채널의 경우, 수백만의 구독자를 가진 채널들이 많다.

하지만 북튜버 중에서는 백 만이 넘어가는 채널이 거의 없다. 확실히 책이라는 주제는 유튜브 내에서 비주류라는 것을 의미한다. 실제로 유튜브를 통해 재미있는 게임 영상 대신 책 소개 영상을 보려는 사람이 얼마나 될까? 많지 않을 것이다.

유튜브 속의 비주류 장르, 북튜버

물론 북튜버가 유튜브 내에서는 비주류라고 할지라도 돈을 벌 수 없는 것은 아니다. 유튜브에 사람들이 몰리고 있고, 하나의 효과적인 광고 수단으로 자리 잡았기 때문에 북튜버도 충분히 돈을 벌 수 있다. 그리고 그 수가 적을지라도 책에 대한 콘텐츠는 유튜브 내에도 분명히 수요가 있다. 그러니 조금 새롭게 콘텐츠를 풀어낼 수 있다면 충분히 돈을 벌 수 있다. 그러면 북튜버들은 어떻게 돈을 벌 수 있을까? 북튜버는 크게 세 가지 방법으로 돈을 벌 수 있다.

유튜브 자체 내에서 발생하는 광고 수익

유튜브를 하게 되면 받게 되는 가장 기본적인 수입이다. 내 영상이 조회되는 만큼 광고가 함께 조회되고 거기에 맞춰서 수입이 발생한다. 내 영상이 인기가 많아 보는 사람들이 늘어나면 당연히 그에 맞춰 수익도 올라가게 되고 반대로 영상을 많이 올려도 조회수가 낮다면 수익은 내려가게 된다. 여기서 중요한 것은 구독자 수는 수익에 큰 영향을 주지 못한다는 것이다.

많은 사람들이 구독자 수가 많으면 수입도 거기에 맞춰서 증가할 것으로 생각하는데 이는 크게 잘못된 생각이다. 구독자 수는 그저 내 채널을 구독했다는 것이지 내 영상을 본다는 것과는 다른 것이기 때문이다. 사람들이 많이 하는 질문 중 하나가 구독자 수가 얼마 정도면 수익이 얼마나 되느냐는 질문이다.

예를 들어 구독자가 백만 명이고 월 조회수가 만 회인 A라는 채널과 구독자가 만 명이고 월 조회수가 백만 회인 B라는 채널이 있다고 해보자. 보통 사람들은 구독자가 백만 명인 A라는 채널이 더 많은 광고 수익을 가져갈 것이라고 생각하지만 실제로는 그렇지 않다. 조회수가 더 많은 B라는 채널에서 더 많은 유튜브 광고 수익이 발생한다. 그러니 북튜버가 된다면 구독자 수보다는 내가 올리는 영상의 조회수에 더 많이 신경을 써야 한다.

브랜디드 콘텐츠 수익

브랜디드 콘텐츠 수익은 유튜브에서 지급하는 광고 수익이 아니라 자사의 제품을 광고하길 원하는 기업에서 지급하는 수익이다. 보통 북튜버 채널을 구독하는 사람은 책에 관심이 있거나 책을 좋아하는 사람일 가능성이 높다.

당연히 이들은 책도 구입할 가능성이 매우 높다 보니 출판사에서는 북튜버를 통해 자사의 책을 홍보하는 경우가 많다. 책을 좋아하는 사람만 모여 있어 다른 광고 수단보다 효과가 좋을 가능성이 높은 편이다. 일부 자신의 팬층이 두터운 북튜버의 경우, 절판된 책을 다시 발간시킬 정도의 막대한 홍보 효과를 보여주기도 했다. 이런 북튜버의 큰 마케팅 효과를 확인한 출판사들은 당연히 북튜버들에게 책 광고를 의뢰하게 된다.

이때 북튜버들은 콘텐츠 제작비용으로 광고비를 받는데, 이때 받는 금액은 북튜버마다 모두 다르다. 구독자가 십만 명이면 광고비 백만 원 이런 식으로 표준적인 금액이 있기보다는 출판사와 북튜버 간의 조율을 통해서 비용이 결정된다. 북튜버가 가진 영향력에 따라 많게는 수백만 원까지도 광고비를 지급하기도 한다.

책과 관련된 강연 및 행사 수익

북튜버로서 어느 정도 성장하고 나면 책과 관련된 다양한 강연에 초청되기도 한다. 특히 책을 직접적으로 다루고 있는 도서관이나 문화센터에서 강연 요청이 들어오게 되는데, 이때 강연을 하면 강연료를 받을 수 있다.

나의 경우에도 공공도서관에서 북튜버 양성 교육에 대한 강연 요청이 와서 강연을 진행한 적이 있다. 이때 강연료 역시 공공기관 같은 경우는 어느 정도 가이드라인이 있지만, 기업인 경우는 얼마든지 협의가 가능하다. 또한 강연뿐만 아니라 문화 행사와 관련된 제안이 들어오기도 한다. 저자와의 만남 같은 행사를 할 때 인터뷰를 진행한다든가 책과 관련한 모임에 참여하게 되면 소정의 참여비를 받을 수도 있다.

물론 여기서 이야기한 방법들이 당장 북튜버가 된다고 해서 곧바로 수익을 창출할 수 있는 것은 아니다. 수익 창출까지의 길은 생각보다 길고 험난할 수 있다.

유튜브 광고 수익의 경우 구독자 천 명, 시청 시간 4000시간이라는 기준을 통과해야 수익을 창출할 수 있는 자격이 생기고, 브랜디드 콘텐츠나 강연 및 행사 수익의 경우 내가 북튜버로서 어느 정도 영향력이 생겨야 제안을 받을 수 있기 때문이다.

많은 도전만큼 포기도 많은 북튜버의 길

실제로 책을 읽는다는 것이 다른 분야에 비해서 크게 어렵지 않기 때문에 많은 사람들이 북튜버에 도전한다. 하지만 많이 도전하는 만큼 금방 중도에 포기하는 사람들도 많다. 책이라는 소재로 다른 사람들의 관심을 끌기란 쉽지 않기 때문이다.

대부분 생각보다 잘 크지 않는 채널 때문에 금방 지치고 만다. 그래서 북튜버에 도전을 해볼까 하는 사람이라면 어떻게 하면 내가 채널을 지속적으로 운영할 수 있을지에 대한 고민을 많이 해야 한다. 그래서 북튜버가 되어 돈을 번다는 것은 어떻게 보면 쉽고 어떻게 보면 어렵다. 누구나 할 수 있지만, 또 오래도록 하는 사람은 없으니까 말이다.

만 3년 동안 여러 북튜버 채널들을 살펴보면서 느낀 점은 그래도 지속적으로 채널 운영을 하면 구독자 수가 꾸준히 증가한다는 사실이다. 그러니 북튜버로서 돈을 벌고 싶다면 어떻게 하면 지속가능하게 이 채널을 운영할 수 있을지를 고민해보자. 채널의 차별화는 그 다음이다.

책의 내용을
영상 콘텐츠로 만드는 법 **03**

책을 가지고 영상을 만드는 북튜버가 되기로 결심을 하더라도, 막상 무엇부터 해야 할지 고민이 많을 것이다. 어떤 카메라를 사야 하는지 어떤 마이크(녹음기)를 사야 하는지 편집 프로그램은 무엇을 써야 하는 건지. 하지만 사실 이런 것보다도 먼저 결정해야 할 것이 있다.

내가 만들고 싶은 영상이 어떤 것인가 하는 문제다. 많은 사람들이 영상을 만든다고 하면 뭔가를 촬영해야 하고, 자신의 얼굴이 나오는 것을 떠올린다. 하지만 꼭 그렇지는 않다.

카메라가 없어도 얼굴이 나오지 않고도 얼마든지 영상 콘텐츠를 만들 수 있다. 그래서 내가 어떤 영상을 만들 것인지를 결정하는 것이 중요하다. 영상의 유형에 따라 카메라가 필요하지 않을 수도 있기 때문이다.

책을 가지고 영상 콘텐츠를 만드는 방법

책 내용을 영상 콘텐츠로 만들 수 있는 방법에는 크게 네 가지가 있다. 하나하나 살펴보면서 자신에게 잘 맞을 것 같은 영상의 유형을 고민해보면 좋을 것이다.

사람이 나와서 책을 소개하는 영상 유형

가장 일반적으로 생각하는 형태의 영상이다. 대표적인 채널이 MKTV의 '김미경TV'다. 사람이 출연해서 책의 내용을 숙지한 뒤, 책 내용에 대해서 자연스럽게 말하듯이 설명하는 영상 형태다. 이런 영상의 형태는 가장 일반적이긴 하지만 가장 까다로운 형태이기도 하다. 왜냐하면 자신의 얼굴이 드러나기 때문에 카메라, 마이크, 조명 등 맞춰야 할 것이 많기 때문이다.

책을 낭독하는 영상 유형

책을 낭독하는 오디오북 콘텐츠는 화면보다는 오디오가 중요하다. 그래서 책을 낭독하는 콘텐츠 채널들을 살펴보면 카메라를 이용해 책을 비추거나 사진을 가지고 영상을 만드는 경우가 많다. '따뜻한 목소리 현준'이라는 채널을 보면 카메라를 책 위에 두고 촬영을 한 장면을 보여준다. 영상을 보는 사람들이 책의 모습을 볼 수 있고, 책의 내용도 함께 읽을 수 있다.

반면에 '책 읽는 다락방'은 똑같은 장면이 계속 노출되면서 낭독이 이뤄지고 있다. 영상이 아닌 이미지를 하나 띄워놓고 오디오만 재생되는 것이다. 두 채널 말고도 많은 오디오북 콘텐츠를 만드는 채널들이 이와 비슷한 형태로 영상을 만들고 있다.

오디오북 콘텐츠를 소비하는 사람들은 아무래도 영상보다는 오디오만 소비하는 경우가 많아 영상 자체보다는 목소리나 내용, 녹음 상태가 더 중요한 영향을 끼치는 경우가 많다.

그러니 책을 낭독하는 채널을 하고 싶다면 화면보다는 어떻게 녹음을 할 것인가를 고민하자.

그림을 이용한 영상 유형

책의 내용이 대부분 지루하다는 것은 모두가 아는 사실이다. 이런 책을 덜 지루하게 만들면 사람들에게 얼마나 인기가 있을까? 재미있는 데다가 유익하기까지 하니 말이다.

그런 문제를 해결하기 위해 책의 내용을 애니메이션처럼 보여주는 형태의 북튜버도 있다. 대표적인 채널이 '책 그림'이다. '책 그림'은 책의 어려운 내용을 재미있는 애니메이션으로 표현해서 많은 사람들에게 인기가 있는 채널이다. 이런 애니메이션은 프로그램을 통해서 만드는데, 비디오 스크라이브라는 프로그램을 이용해 만든다.

비디오 스크라이브는 이미지를 삽입하면 마치 그림을 그리는 것처럼 나타내주는 프로그램이다. 펜을 잡은 손까지 화면에 나오기 때문에 정말 그림을 그리는 것처럼 느껴진다.

다른 사람의 영상을 이용한 영상 유형

유튜브의 영상을 꼭 내가 찍을 필요가 있을까? 다른 사람이 찍어놓은 영상을 이용해서 내 영상을 만들면 안 될까? 보통의 경우는 안 된다. 다른 사람이 찍은 영상은 찍은 사람에게 저작권이 있기 때문에 함부로 이용해서는 안 된다. 반드시 저작권자의 허락을 받은 뒤 이용할 수 있다.

북튜버에게 필요한 카메라는 무엇일까

구체적으로 장비를 하나하나 살펴보면 카메라의 경우 예전에는 DSLR 카메라를 많이 사용하는 편이었지만 요즘에는 스마트폰의 카메라 사양이 높아지면서 스마트폰으로도 많이 촬영을 하고 있다. 스마트폰의 경우 촬영 여건에 따라 자동으로 최적의 설정값을 잡기 때문에 DSLR 카메라가 익숙하지 않은 사람에겐 스마트폰으로 촬영을 하는 것이 화면이 더 잘 나오는 경우도 많다.

따라서 DSLR 카메라가 없다면 굳이 비싼 돈을 들여 카메라를 사기보다는 집에 있는 스마트폰을 이용하여 촬영할 것을 권하고 싶다. DSLR 카메라와 스마트폰 외에도 집에서 고정적으로 촬영을 하는 경우 웹캠을 이용하기도 한다.

웹캠은 모니터 위에 올려놓는 작은 카메라인데, 집에서 자신의 컴퓨터 앞에서 촬영을 하는 유튜버들이 많이 사용한다. 일반적으로 가장 많이 이용하는 웹캠은 로지텍에서 나온 C920r라는 제품이다. 만약 내가 이동하거나 야외에서 촬영하지 않고 내 책상 앞에서만 촬영을 한다면 웹캠도 좋은 선택지 중 하나다.

어쩌면 영상보다 더 중요한 오디오

책 채널의 경우 어떻게 보면 영상만큼이나 오디오 역시 중요하게 받아들여지는 부분이라서 북튜버를 할 생각이라면 신경을 조금 쓰는 것이 좋다.

오디오 부분은 보통 마이크를 사용하거나 녹음기를 사용한다. 마이크의 경우 콘덴서 마이크나 샷건 마이크, 무선마이크를 많이 사용한다. 콘덴서 마이크는 감도가 좋아서 실내 공간에서 고품질의 녹음을 할 때 많이 사용하며, 지향성 마이크는 한쪽으로만 소리를 받아들여 주변의 잡음이 녹음되지 않는다.

무선마이크는 우리가 TV 프로그램에서 주로 볼 수 있는 마이크인데 입 주변에 마이크를 가까이 설치해 말소리를 깨끗하게 녹음할 수 있다. 일반적으로 콘덴서 마이크는 UFO 마이크라고 불리는 인프라소닉의 제품을, 샷건 마이크는 로데(RODE) 제품을, 무선마이크는 소니 제품을 많이 사용하고 있다.

그리고 간혹 내가 사용하는 카메라가 마이크를 지원하지 못하는 경우가 있다. 예를 들어 스마트폰으로 촬영을 하게 되면 카메라에서 이용하는 무선마이크 사용이 어렵다. 이럴 경우 따로 소리 부분만 성능이 좋은 녹음기를 통해 별도로 녹음한 뒤 추후

음성 편집을 한다. 녹음기의 경우 휴대성이 뛰어나고 녹음 시간이 길어 무선마이크와 비슷한 녹음 효과를 낼 수 있다. 일반적으로 녹음기는 소니 ICD-TX650 제품을 많이 사용한다.

로지텍 c920r / 소니 ICD-TX650

화면을 더 보기 좋게 만들어주는 조명 선택

조명 구입을 고민하는 경우는 대부분 실내 촬영을 하는 경우다. 요즘은 유튜브 촬영용 LED 조명을 별도로 팔고 있어서 필요할 경우 어렵지 않게 구입할 수 있다. 촬영을 할 때 얼굴이 어둡게 나올 경우 조명을 구입해보자. 더 나은 화면을 만들 수 있다.

조명을 구입할 때는 가급적 같은 색깔을 맞춰서 구입해야 한다. 우리가 일상적으로 쓰는 조명에는 주백색과 주광색이 있으니 이것만 구분에서 자신의 상황에 맞게 구입하면 좋을 것 같다. 이렇게 장비를 모두 갖추었다면 이제 촬영과 편집을 하면 된다.

편집은 PC를 이용해 할 경우에는 어도비사에서 나온 프리미어 프로를 많이 이용한다. 요즘에는 편집을 쉽게 할 수 애플리케이션들이 많이 나와서 스마트폰으로 촬영을 하는 경우 스마트폰으로 편집까지 한다. 사람들이 많이 사용하는 스마트폰 애플리케이션으로는 키네마스터, 블로(VLLO), 멸치 애플리케이션 등이 있다.

비싼 장비가 채널의 성공으로 이어지는 것은 아니다

하지만 처음 책 낭독을 시작할 때부터 값비싼 녹음기나 마이크를 구입할 필요는 없다. 실제로 지금은 어마어마한 구독자 수를 자랑하는 책 낭독 북튜버들을 만나 그들의 이야기를 들어보면, 처음에는 스마트폰과 스마트폰을 살 때 함께 제공된 번들용 이어폰을 가지고 영상을 만든 경우가 많았다. 그 이어폰 마이크로 녹음을 해도 생각보다 괜찮은 수준의 녹음이 되는 것이다. 녹음 당시 주변이 크게 시끄럽지만 않으면 말이다.

오다시티와 같은 녹음 편집프로그램을 이용하면 잡음을 제거하고 음질을 어느 정도 보정할 수 있기 때문에 처음부터 지나치게 비싼 장비를 꼭 고집하지 않아도 괜찮다. 당장 시작할 때부터 고급 장비를 구입하기보다는 녹음과 편집에 조금 더 많은 신경을 써보자. 그걸로도 충분히 괜찮다.

그래도 혹시 전문적인 마이크를 구입할 계획이 있다면 UFO 마이크를 추천한다. 유튜버들이 많이 사용하는 마이크 중 하나다.

인프라소닉 ufo마이크

이미지를 애니메이션으로 만드는 방법

비디오 스크라이브를 통해 영상을 만드는 법은 별로 어렵지 않다. 먼저 내가 설명하고픈 책의 내용을 녹음한 뒤에, 그 녹음을 비디오 스크라이브에 삽입하고 설명하는 내용에 맞춰 그림을 넣어주면 된다. 그러면 비디오 스크라이브에서 자연스럽게 마치 그리는 것처럼 영상으로 만들어준다.

따라서 비디오 스크라이브를 통해 영상을 만들 경우 카메라가 필요 없다. 내 얼굴이 나올 일도 없다. 자신의 얼굴을 화면에 비추는 것이 부담스럽거나 촬영에 서툰 사람이라면 이 방법으로 영상을 만들어보아도 좋을 것이다.

다른 사람의 영상을 이용한 콘텐츠

그렇다면 저작권으로부터 자유로운 영상을 이용해서 내 영상을 만들면 어떨까? 그것은 얼마든지 가능하다. 따라서 촬영은 못 하지만 영상을 활용해 나의 영상을 만들고 싶다면 저작권이 없는 영상을 이용해보자. 저작권이 없는 동영상들을 모아놓은 사이트가 여러 군데 있다. 그중에서 내가 가장 많이 사용하는 사이트는 펙셀스(pexels)이다.

이 사이트에 있는 영상들은 영리적인 목적으로도 자유롭게 사용이 가능하다. 그러니 내게 필요한 영상을 다운받아서 마음껏 이용해도 좋다. 나의 경우, 책에서 내가 이야기할 내용을 미리 녹음해놓고 그 녹음에 맞는 영상을 삽입하는 형태로 영상을 만들고 있다. 이슈라든지 동기부여 같은 영상을 만드는 채널에서 이런 식으로 영상을 많이 만들어 올린다.

그리고 유료로 운영되는 사이트들도 있다. 일부 비용을 지급하면 마찬가지로 저작권에 대한 걱정 없이 더 많은 영상을 이용할 수 있으니 참고하자.

내가 가장 잘할 수 있는 콘텐츠 유형을 찾자

이처럼 책의 내용을 가지고 영상 콘텐츠를 만드는 방법은 다양하다. 따라서 내가 원하는 스타일의 영상을 먼저 찾아보자.

내 얼굴이 나올 것인지 나오지 않을 것인지, 내가 영상을 촬영할 것인지 촬영하지 않을 것인지 이런 것들을 정하면 내게 필요한 장비가 무엇이고 어떤 것들을 해야 하는지 윤곽이 잡힌다. 그럼 그런 영상에 필요한 것들을 준비해서 영상 콘텐츠를 만들면 된다.

끝으로 한마디 덧붙이면, 여러 가지 영상의 형태를 섞지 않았으면 좋겠다. 구독자들은 마음에 드는 영상을 보고 구독을 누른다. 그와 같은 영상이 지속해서 나올 것으로 기대하고 말이다. 그런데 전혀 새로운 형태의 영상이 나온다면 구독을 취소하게 된다. 따라서 내가 하고자 하는 영상의 유형을 결정했다면 그 유형으로 쭉 영상을 계속 만들어가길 바란다. 조금 해보고 안 된다고 이것저것 다 섞게 되면 그 누구도 좋아하지 않는 채널이 될 것이다.

취향 공동체의 시대, 독서 모임으로 돈을 버는 법 04

2020년 10월, 독서 모임을 운영하는 한 스타트업 기업이 40억 원을 투자받았다. 지난번 50억 원 투자에 이은 두번째 투자유치였다. '독서 모임 그게 돈이 되겠어?'라는 많은 사람들의 편견을 깨부수기라도 하듯 보란 듯이 투자를 받아냈다. 4백여 개의 모임, 6천여 명의 회원들이 이 스타트업 기업에서 운영하는 독서 모임에 참여하고 있었다.

29만 원을 내고 독서 모임에 참여하는 사람들

사실 이 기업이 운영하는 독서 모임의 비용은 굉장히 비싼 편이다. 4개월 동안 독서 모임에 참여하는 회원권이 19만 원과 29만 원이라는 가격에 팔리고 있기 때문이다.

커피값 정도의 비용을 받는 독서 모임도 굉장히 많은 현실 속에서 이 독서 모임의 회원권 가격은 놀라웠고, 그 회원권이 불티나게 팔린다는 사실은 더 놀라웠다.

프리미엄 독서 모임에 대해 반드시 알아야 하는 것들

이런 독서 모임의 이야기를 들으면서 나도 프리미엄 독서 모임을 한번 운영해보고 싶다는 생각이 들었다. 내가 직접 기획하고, 다른 독서 모임과는 확실히 구분되는 특별한 독서 모임을 만들어 보겠다는 생각. 이미 29만 원이라는 가격으로 독서 모임이 성공적으로 이루어진다는 사실이 확인되었기에 결코 불가능한 일은 아니었다. 문제는 어떻게 팔 것인가였다.

결론부터 말하면 나는 3개월에 25만 원짜리 '성장 읽기'라는 프리미엄 독서 모임을 만들어서 성공적으로 회원권을 완판했다. 만 원짜리 독서 모임도 인터넷에서 검색하면 우수수 쏟아지는 마당에 25만 원짜리 독서 모임을 성공적으로 운영할 수 있었던 이유는 무엇이었을까?

이 독서 모임을 만들고 이끌면서 알게 된 나만의 프리미엄 독서 모임 노하우를 몇 가지 이야기해보도록 하겠다.

사람들은 결코 싸다고 좋아하지 않는다

우리는 일반적으로 가격이 싸면 좋다고 생각한다. 상품의 양과 질이 균질한 공산품일 경우에는 그럴 수 있다. 하지만 서비스는 그렇지 않다. 공짜로 무언가 물건을 받으면 사람들은 좋아하지만 서비스는 공짜로 제공해도 만족스럽지 않으면 시간이 아깝다고 느낀다. 서비스는 눈에 보이지 않는 무형이기 때문에 그렇다. 따라서 독서 모임과 같은 서비스를 판매할 때는 가격을 낮춰서 경쟁력을 가지려고 하기보다는 어떻게 하면 그 가격에도 팔릴까를 고민해야 한다.

앞서 소개한 마케팅 구루 세스 고딘은 저렴한 가격을 가지고 상품이나 서비스를 판매하려는 것을 두고 "저렴한 가격은 좋은 아이디어가 다 떨어진 마케터들의 마지막 피난처일 뿐"이라고 말했다.

가격은 내가 결정하는 것이다

우리는 흔히 무언가를 팔 때 시장조사라는 것을 한다. 시장조사에서 빠지지 않고 하는 것이 비슷한 상품이나 서비스의 가격을 조사하는 것이다. 가격 조사를 하고 거기에 맞춰 내가 팔려는 것의 가격을 결정하기 때문이다. 하지만 그래서는 안 된다.

내가 고민할 것은 가격을 얼마로 할지가 아니다. 가치를 얼마나 줄 수 있는가를 고민해야 한다. 내가 독서 모임을 만 원의 비용을 받고 운영하더라도 독서 모임에 참여한 사람이 천 원 정도의 가치밖에 느끼지 못했다면 그 독서 모임은 비싼 것이다.

하지만 반대로 백만 원의 비용을 내더라도 참여한 사람들이

천만 원의 가치를 느낀다면 그 비용은 굉장히 저렴한 것이다.

그러니 우리가 정말 고민해야 할 것은 내가 사람들에게 얼마만큼의 가치를 줄 수 있는가다. 그 가치만큼의 가격을 받으면 사람들은 만족해할 것이다. 가치보다 높은 가격을 받으면 사람들은 만족스럽지 않을 것이다. 그러니 다른 사람들의 가격을 보기보다는 내가 줄 수 있는 가치를 보고 가격을 결정해야 한다.

차별화할 수 있는 포인트가 있어야 한다

결국 다른 사람보다 더 높은 금액을 받기 위해서는 사람들이 다르다고 느낄 만한 포인트가 있어야 한다. 나는 기존 독서 모임의 문제점을 두 가지로 보고 그 두 가지에 대해서 차별화를 해야겠다고 생각했다.

하나는 모임에 참여하는 사람들이 책도 읽지 않고 참여해서 생기는 '수준의 질적 저하'의 문제였고, 다른 하나는 너무 많은 사람들이 참여해서 생기는 '양적인 시간 부족'의 문제였다.

수준의 질적 저하 문제를 해결하기 위해서 나는 많은 책을 읽기보다는 한 권의 책을 읽어올 수 있을 만큼 과제를 내주었고, 미처 읽지 못한 사람들을 위해서는 요약본과 논점을 정리해서 내용을 이해할 수 있도록 도왔다. 양적인 시간 부족의 문제는 다른 독서 모임보다 모임의 횟수를 늘리고 독서 모임에 참여하는 사람의 수는 줄여서 모든 사람들이 충분히 모임에 참여할 수 있도록 했다.

내가 만들어서 운영한 독서 모임의 경우 이 두 가지 차별점을 가지고 그냥 만나서 책이나 한번 읽어보자는 모임이 아닌 정말 제대로 책을 읽어보자는 느낌을 줄 수 있도록 했다. 이 독서 모임에 참여하면 확실히 무언가 배울 수 있다는 것을 사람들에게 전달한 것이다.

모임은 함께 만들어가는 것이다

독서 모임은 결국 모임이라는 것을 알아야 한다. 내가 이끌어 간다고 하더라도 그것이 지나치면 안 된다. 다른 독서 모임보다 많은 비용을 낸 만큼 더 많은 것을 주고자 하는 의욕이 앞서서 나만 일방적으로 이야기를 하고 지식을 전달하면 사람들은 과연 만족해할까?

나도 처음에는 내가 가진 여러 가지 지식들을 전달하고자 노력했다. 하지만 그럴수록 사람들은 지루해하고 집중하지 못했다. 오히려 참여한 사람들에게 시간을 주고 그들의 생각을 이야기하도록 했더니 모임의 분위기는 더 좋아지고 만족도도 더 높았다. 결국 독서 모임은 강의나 강연이 아니라는 것을 명심해야 한다. 수직적인 관계가 이루어지는 강의와는 달리 모임은 수평적인 관계가 중요하다. 참여하는 사람들과 함께 모임을 만들어 갈 때 그 모임은 특별해지고 하나뿐인 모임이 된다. 그런 모임에 참여하는 사람들의 만족도는 당연히 높을 수밖에 없다.

기억될 만한 무언가를 남겨주어야 한다

모든 일이 그러하듯이 끝이 좋으면 그 과정이 어찌 되었건 아름답게 기억될 확률이 높다. 그래서 항상 마무리를 잘해야 한다. 나의 경우 독서 모임 마지막 시간에는 서로 하지 못했던 이런저런 이야기를 하는 작은 파티를 열었다.

그 파티에서는 단순히 먹고 즐기기보다는 그동안의 독서 모임에서 읽었던 책들의 내용을 가지고 퀴즈를 준비해 선물도 주고 책에서 배웠던 내용도 다시 한 번 떠올려볼 수 있도록 했다. 그런 기분 좋은 감정과 추억, 함께한 사람들은 결코 돈으로 환산할 수 없기에 그 모임을 대체 불가능한 것으로 만든다.

가격 그 이상의 가치를 줄 수 있다면 티켓은 팔린다

아무도 독서 모임으로 돈을 벌 수 있을 것이라고 생각하지 않았다. 무료로 운영되는 독서 모임도 수두룩한 현실에서 금액을 내고 참여할 리 없다고 생각했기 때문이다.

하지만 독서 모임은 하나의 비즈니스가 되어 수천 명의 사람들에게 비싼 회원권을 팔고 투자자로부터 수십억 원을 유치하는 데 성공했다. 어떤 시대가 오든 사람들 간의 모임은 지속적으로 계속될 것이다. 독서 모임 역시 마찬가지다.

아직도 독서 모임을 가지고 돈을 벌 수 없다고 생각한다면 그것은 내가 사람들에게 줄 수 있는 가치가 없기 때문이다. 그 가치를 만들어서 사람들에게 줄 수 있다면, 거기에 돈을 지불할 사람들은 충분히 있다.

읽기로 내 삶을
변화시켜나간다는 것

　나는 읽기의 힘을 믿는 사람이다. 책을 읽으면 내가 처한 상황이 어떠하든지 그 상황을 바꿀 수 있는 힘을 기를 수 있다고 믿는다. 물론 이 말이 책 한 권을 읽으면 연봉이 2배가 된다든가, 가게의 매출이 10배가 된다든가, 자고 일어나니 백만장자가 된다는 이야기는 아니다. 다만 매일 책 한 권씩을 읽으며 쌓아나간 독서력이 지금의 내 삶을 더 나은 곳으로 이끌어줄 수 있다는 것이다. 나는 이런 읽기의 힘으로 삶을 변화시켜왔다.

　그 누구보다 변화를 생생하게 경험했으며, 어떻게 해야 독서를 통해 원하는 삶의 모습을 만들어갈 수 있는지를 알고 있다. 그래서 독서를 통해 삶이 어떻게 변화되어 가는지, 내 삶을 어떻게 바꿔야 하는지를 이 책에서 이야기하고 싶었다.

　실제로 나의 경우, 가족이 부동산 사기를 당하면서 20대 초반에 부동산에 관심을 가지게 되었다. 그때 나는 사기를 당한 이유가 부동산에 대해 몰랐기 때문이라고 생각하고 부동산에 대한 책들을 모조리 빌려다가 읽기 시작했다. 처음에는 모르는 단어도 많았고, 재미도 없었다. 하지만 내 평생 이제 부동산 때문에 고민하는 일은 없어야겠다는 생각으로 부동산과 관련된 책들을 계속 한 권, 한 권 읽어나갔다. 그렇게 3년이 지났을까. 그때 맞은 사기를 만회할 만큼 부동산 투자로 많은 돈을 벌었고, 부동산에 관한 책까지 출간했을 정도로 전문가가 되었다.

이 무렵 부동산을 주제로 블로그를 운영했는데 매일 상담 요청이 올 정도로 인기가 좋았다. 나는 책을 통해 평범한 20대 대학생에서 책까지 출간한 부동산 전문가가 될 수 있었다. 이뿐만이아니다. 부동산에 대한 관심은 자연스럽게 돈과 주식으로까지이어져서 재테크에 대한 책들도 많이 읽었다.

그렇게 다양한 책과 콘텐츠를 가지고 공부해나가면서 20대 중반에 1억 원을 모을 수 있었다. 여기서 중요한 것은 내가 일을 해서 돈을 번 것은 6개월 정도의 알바가 전부라는 것이다. 하루아침에 1억 원이라는 돈을 뚝딱 만들어낸 것은 아니지만, 아르바이트를 통해 모은 종잣돈을 바탕으로 독서를 통해 투자공부를 했고, 그 결과물로 1억 원이 만들어진 것이다.

미래의 나를 만들어준 독서의 힘

돈을 많이 벌 수 있으니 독서를 해야 한다는 소리처럼 들릴까봐 조금 다른 이야기를 해보겠다. 나는 독서를 통해서 작가가 될수 있었다. 책을 많이 읽다 보니 책을 쓰고 싶다는 생각을 하게되었고, 마찬가지로 책쓰기에 대한 책들을 모조리 읽으면서 어떻게 써야 하는지를 익혀나갔다. 그리고 결국 내 이름으로 된 책을 출간할 수 있었다.

이뿐만이 아니다. 내 라이프스타일도 독서를 통해 바꾸었다. 나는 고등학생 때 새벽 2시에 잠을 자던 사람이었다. 그때까지 공부하고 다음 날 아침 7시 30분까지 학교를 가는 것이 내 생활 패턴이었다. 대학교 1학년 때도 밤늦게까지 자지 않고 아침에 일어났다. 하지만 아침시간을 활용해보면 어떨까라는 생각을 하게 되었고 시간활용법부터 아침 일찍 일어나는 것과 관련된 책을 읽어나갔다. 그렇게 시행착오를 겪으면서 적응하는 데 시간이 걸렸지만 지금은 새벽 2시 30분에 일어나서 하루를 시작하고 있다. 이 모든 것이 책을 읽고 일어난 변화들이다.

책을 통해 내 삶을 혁명한다는 것은 부자가 된다거나 소득이 몇 배 늘어나게 된다는 그런 것이 아니다. 그런 것들은 책을 읽음으로써 자연스럽게 따라오는 결과일 뿐이다. 그런데 그 결과에 현혹되어 '왜 책을 읽었는데 부자가 되지 않지?', '책 몇 권을 읽었는데 왜 나는 여전히 소득이 그대로인 거야'라는 생각을 하면서 독서를 중단하게 된다. 독서를 통해서 내 삶을 혁명한다는 것은 지금 내 삶의 문제점을 인식하는 것으로부터 시작한다. 내 삶이 지금 행복한지, 불행한지를 먼저 살펴보아야 한다.

행복하다면 변화를 줄 필요가 없지 않은가. 불행하다면 이제 내 삶을 바꿀 것인지를 묻는 것이다. 이대로 견딜 만하면, 그냥 그대로 살아가는 것이다. 하지만 죽고 싶을 만큼 지금 이 삶이 만족스럽지 않다면 이제 혁명의 준비는 끝난다. 그런데 막상 내 삶을 혁명시키려고 해도 무엇부터 어떻게 해야 할지 모를 것이다.

이때 우리에게 필요한 것이 바로 독서다. 우리는 읽어야 배울 수 있다. 나와 비슷한 문제를 가지고 있는 사람이 어떻게 해서 그 문제를 해결했는지 독서를 통해 알 수 있다. 내가 해결해야 하는 문제에 대한 책들을 한 권, 두 권 읽어나가다 보면 이 문제를 바라보는 관점이 변하고 어떻게 해야겠다는 계획이 세워지기 시작한다. 그리고 그것을 행동에 옮겼을 때 비로소 삶은 변화하기 시작하고, 내 삶에 혁명이 일어나는 것이다. 이전과는 완전히 다른 삶을 살아가게 되니까 말이다.

많은 사람이 책을 통해서 더 나은 삶을 기대하고 꿈꾼다. 하지만 대부분의 사람은 삶의 변화를 만들어내지 못하고 어제와 똑같은 삶을 살아간다. 살을 빼고 싶은 마음이 있으면서 어제와 똑같이 먹고, 돈을 더 모으고 싶다면서 어제와 똑같이 물건을 산다. 그냥 무조건 안 먹으면 되겠지, 안 쓰면 되겠다고 생각하니까 어떻게든 참으려고만 하지, 좀 더 쉽게 참을 수 있는 방법이나 어떻게 해야 성공률을 높일 수 있는지에 대해 고민하지 않는다.

우리가 하는 모든 고민에 대한 답은 책에 있다

이런 문제에 대한 다른 사람의 고민과 해결책을 우리는 독서를 통해 찾아볼 수 있다. 그래서 읽어야 한다. 내가 가진 문제를 풀 수 있는 방법들이 모두 적혀 있기 때문이다. 읽기를 통한 삶의 변화는 내게 주어진 문제들을 풀면서 서서히 일어나는 것이다. 누군가 어느 한순간에 어마어마한 변화가 생길 것같이 이야기한다면 너무 믿지 않았으면 좋겠다. 우리가 살고 있는 이 사회는 개인의 급격한 변화를 쉽게 허용하지 않는다.

나는 이 책에서 자본주의 사회에는 두 가지 계급이 있음을 이야기했다. 생산수단을 소유한 자본가 계급과 생산수단을 가지지 못한 노동자 계급. 결국엔 자본가 계급이 노동자 계급을 지배하며 살아가는 게 자본주의 사회의 모습이다. 그래서 나는 독서를 통해 소비자에서 생산자로 거듭날 수 있는 방법을 제시했고 이를 통해 생산자적 독서를 해야 함을 이야기했다.

여기서 나는 단순히 독서를 통해 자본가로 거듭날 수 있는 방법을 알려준 것이 아님을 분명히 밝힌다. 생산수단을 가지지 못한 사람이 책을 읽어서 생산수단을 가진 사람으로 바뀔 수 있다는 것을 보여주면서, 독서가 지닌 힘을 보여주고 싶었다. 독서를 통해 무엇이든지 될 수 있고, 여러분이 원하는 것을 모두 이룰 수도 있지만, 그것이 너무 크고 방대해 믿지 못할 수 있으니 정말 작은 혁명을 이야기해본 것이다. 소비자에서 생산자가 되는 작은 혁명 말이다. 이 혁명을 경험하면 그다음부터는 내가 원하는 모든 것을 독서를 통해 이룰 수 있는 방법을 자동으로 터득하게 된다. 그래서 그것을 같이 경험하고 싶었다.

읽지 않는 자는 읽는 자를 이길 수 없다. 4차 산업혁명처럼 지식과 정보가 급격하게 증가하고 사회가 빠르게 변화하는 시대일수록 더욱 그렇다. 우리가 100세 시대를 살아가야 하는 현실 속에서 변화를 따라가지 못하면 생존하지 못할 것이다. 그래서 우리는 앞으로 우리의 삶을 몇 번 더 혁명해야 할지도 모른다. 독서는 그 혁명의 좋은 동반자가 되어줄 것이다. 이 책을 읽은 모든 사람들이 자신이 원하는 삶의 모습으로 자신의 삶을 혁명시키길 바라며 이 글을 마치고자 한다.

북큐레이션 • 원하는 곳에서 자신의 가치를 높이고, 가슴 뛰는 삶을 살고 싶은 이들을 위한 책
《넥스트 리딩》과 함께 읽으면 좋은 책. 진정한 나다움을 발견하고 인생을 멋지게 브랜딩하길 원하
는 당신을 응원합니다.

1년 100권 독서법
4STEP 방법 공개

1년 100권 독서법

차석호 지음 | 13,800원

"오늘부터 책과 조금 친해지기로 했다"
하루 3시간 조금씩 꾸준히 읽는 1년 100권 독서법!

4차 산업혁명 시대 이전에는 가지고 있는 지식의 양이 많아야 살아남을 수 있었
다. 오늘날은 가지고 있는 지식을 창의적으로 활용하는 사람만이 살아남을 수
있다. 창의력 향상에 도움이 되는 것은 누가 뭐라고 해도 독서다. 독서가 좋다는
것은 알지만 이런저런 이유로 책과 친한 어른은 드물다. 저자는 인생의 시련 앞
에서 한 권의 책을 만나 마음가짐을 바꾸고 인생의 전환점을 맞았다. 독서의 효
과를 몸소 경험한 저자가 제안하는 조금씩 꾸준히 읽는 '1년 100권 독서법'을 만
나보자.

인생을 근사하게
만드는
10가지 도전

아주 작은 도전의 힘

라수진 지음 | 13,800원

"도전도 스펙이다"
꾸준한 도전으로 커다란 성취를 경험하라!

많은 사람들이 목표를 향한 도전을 미루거나 회피한다. 때로는 결과가 잘못
될까 봐 불안하다는 이유로 시도조차 안 하기도 한다. 그러나 사실은 하고
싶은 의지가 없거나 현재의 자리에 안주하는 것에 익숙해 있는 건 아닐까?
자신만의 안전지대(Safety Zone)를 벗어나 위험을 감수하고 도전할 때 제2
의 인생으로 도약할 수 있는 기회가 온다. 소소하지만 꾸준한 노력으로 성
취감을 얻고 싶은 사람들 모두에게 이 책은 누구나 생활에서 실천할 수 있
는 작은 도전의 성공으로 자신감을 얻고 인생의 터닝 포인트를 만들 수 있
는 길을 안내해줄 것이다.

행동력을 결정짓는 액션 플랜 법칙 5

미라클 액션

하재준 지음 | 15,000원

"행동이 없으면 오늘과 내일은 같은 날이다!"
망설이는 당신을 행동파로 만드는 행동력 훈련

스무 살에 분양사무소에서 영업을 시작해 37세인 지금 10여 개의 법인회사와 개인 사업체의 대표가 된 저자는 17년간 치열한 사업의 현장에서 살아남은 무기로 '남다른 행동력'을 꼽는다. 저자는 아침 알람 소리 한 번에 자리를 털고 일어나고, 발품을 한 번 더 팔고, '안 된다는 생각'은 없음을 다짐하고, 경험은 돈을 주고도 사며, 상대의 말은 끝까지 경청하는 등 사소한 행동 한 가지부터 행동하고 실천하라고 조언한다. 생각하느라 시간을 다 쓰는 사람들, 주저하는 데 많은 공을 들이는 사람들에게 매우 긍정적인 동기부여가 되어줄 것이다.

스피치로 나를 브랜딩 하기

나를 브랜딩하는 스피치 기술

이명희 지음 | 14,500원

자신의 가치를 높이고
소통력을 키우는 스피치의 기술

스펙도 넘치고 외모도 근사한 데다 직업도 좋은데 사람들에게 호감을 주지 못하고 인정받지 못한다면 자신의 스피치 능력과 듣는 자세를 돌아보자. 이 책은 '제대로' 말하는 법은 물론이고 스스로를 적절히 표현해서 자존감을 높이고 존재감을 드러내어 실력을 제대로 인정받는 법까지 구체적으로 안내해준다. 멋으로 치장하는 겉치레 말이 아니라 진심으로 사람에게 다가가 본심을 전달하고 세상과 소통하여 변화를 꾀하고 싶은 모든 이들에게 이 책은 '현명한' 말의 기술을 알려줄 것이다.